구조 패턴 커뮤니케이션

구조 패턴 커뮤니케이션

초판 1쇄 인쇄일_2013년 9월 16일
초판 1쇄 발행일_2013년 9월 24일

지은이_아르케
본문 그림_이주용
펴낸이_최길주

펴낸곳_도서출판 BG북갤러리
등록일자_2003년 11월 5일(제318-2003-00130호)
주소_서울시 영등포구 국회대로 72길 6 아크로폴리스 406호
전화_02)761-7005(代) | 팩스_02)761-7995
홈페이지_http://www.bookgallery.co.kr
E-mail_cgjpower@hanmail.net

ⓒ 아르케, 2013

ISBN 978-89-6495-055-5 03100

*저자와 협의에 의해 인지는 생략합니다.
*잘못된 책은 바꾸어 드립니다.
*책값은 뒤표지에 있습니다.

이 도서의 국립중앙도서관 출판시도서목록(CIP)은 e-CIP홈페이지
(http://www.nl.go.kr/ecip)와 국가자료공동목록시스템(http://www.nl.go.kr/kolisnet)
에서 이용하실 수 있습니다.(CIP제어번호 : CIP2013017447)

구조 패턴 커뮤니케이션

아르케 지음

북갤러리

　타인과 교류하는 데 있어 '대화'는 두 말할 필요 없이 중요하다. 이성 간 대화에서도 마찬가지이다. 하지만 대부분의 사람들은 대화하기를 무척이나 어려워한다. 그렇게 이성을 잘 만나고 이성과 잘 대화하는 주변 친구들을 보며 신기해하면서 질투하고 결국 그렇게 하지 못하는 자신을 발견하며 질책한다.

　고대 로마 그리스의 철학자인 에픽테토스는 '인간이 통제할 수 있는 것과 통제할 수 없는 것'을 구분했다. 그러면서 그는 "우리 인간이 외부 환경에 대해서는 통제할 수 없지만 거기에 어떻게 반응할 것인가는 내 자유의지로 통제할 수 있다"고 말하면서 주어진 현재의 삶에 충실할 것을 주장했다. 그런데 이 주장의 본보기 또한 에픽테토스였다. 그는 노예 신분의 상태에서 현재의 삶에 충실히 해 그 신분을 극복하고, 후기 스토아학파의 거두가 되었던 입지 전적인 인물이었던 것이다.

'대화 능력'도 내가 노력해서 얻을 수 없는, 내가 통제할 수 없는 것이 아니라, 얼마든지 시간을 투자해서 열과 성을 다해 노력하면 얻을 수 있는, 통제 가능한 것이다. 그런 점에서 이 책은 이성과 대화하는 데 요긴하게 쓸 수 있는 책이라 할 수 있다. 단순히 어떻게 구체적으로 대화할 것인지 제시하기보다 '구조'를 설명하고 구조적인 분석을 제시하기 때문에 전자로부터 비롯되는 문제점을 피할 수 있다. 즉, 전자와 관련한 서적들은 단순히 대화 사례만 제시하면 그 대화만 '내 것화'될 뿐 필자 스스로 독창적인 대화를 만들어 낼 수 없다는 문제점이 있었다. 하지만 이 책은 우선적으로 구조와 패턴을 제시하고 사례를 참고해서 결국 스스로 구조에 맞는 대화를 만들어 내는 데 초점을 맞춘 실전적인 책이다.

그런데 여기서 문제점이 하나 있다. 단순하게 이 책을 읽고 끝낸다면 아무런 소용이 없다는 것이다. 이해는 '의식적 이해'와 '실천적 이해'로 나눌 수 있다. 의식적 이해는 주로 독서행위에서 나타나는데 단순히 책을 읽으며 문장에 담긴 의미를 '주마간산'식으로 스쳐보는 것이다. 반면에 실천적 이해는 특정한 무언가를 나의 것으로 만들기 위해 의식적 이해를 넘어 행동으로서 부단히 노력하는 것을 뜻한다. 이 책은 당연히 실천적 이해 쪽에 초점을 맞추어야 한다.

그런데 우리가 이 책을 통해 연애에 관해 눈이 뜨이게 되는 것을 넘어 더 중요한 것들을 얻는 데 이 책의 의의가 있다. 우선 올바른 연애와 연애관을 확립하고 있다는 것은 연애 시 바람직한 데이트를 해 나가고 더 나아가 미래의 올바른 배우자를 만나고 선정하는 데까지 영향을 준다. 특히 마음이 안 맞아 성격 차이로 인해 이혼할 수 있는 가능성은 그만큼 줄어든다.

사실 오늘날 부부간 이혼율이 크게 증가하고 있는 이유는 모두 다 자신만의 연애관이 부재하고, 특히 자신만의 줏대 있는 이성에 대한 기준이 명확하지 않기 때문이다. 그런 분들은 아마 단순히 상대방이 능력이 있거나 외모적으로 탁월해서 사귀었을 것이다.

그래서 이 책은 단순한 연애 관련서적을 염두에 둔 것은 절대로 아니다. 쓸데없이 별효과도 없는 스토리와 탁상공

론적인 이론을 적은 것도 아니다. 이 책에서 필자는 결국 이 책을 부단히 읽고 깨닫고 연습, 실천하는 것을 넘어서 본질적인 차원에서 자신이 누구인지 알고, 또 어떻게 살아 나가야 하는지, 자신만의 내적인 성숙을 추구할 것을 요구하고 있다. 즉, 이 책은 '연애'에 관한 것이지만 결국 '나 자신의 발전'을 이끌어 내는 기폭제 역할을 하는 데 궁극적인 목적이 있다.

끝으로 이 책에 대해서 간략하게 소개하고 끝내도록 하겠다.

'PART 0'에서는 아주 기본적인 것들을 담고 있다. 기본 예의와 룰을 담고 있는데, 이 모든 것들은 기본적으로 우리가 갖추어야 할 것들이다. 특히 '룰'의 경우 비단 연애에만 적용되는 것이 아니고 나 자신의 삶에 응용해서 적용할 수 있는 소중한 룰이다.

다음으로 'PART 1'에서는 대략 연애의 흐름이 어떻게 전개되는 것인가에 대해서 밝힌 부분이다. 물론 이 책은 실전에 초점을 맞춘 책이라서 간략하게만 서술하고 넘어갔는데, 그 이유는 연애는 머리로 하는 게 아니라 행동으로 하는 것이고, 인생이 실전이듯이 연애도 실전이기 때문이다.

'PART 2'에서는 구조 패턴 커뮤니케이션이 왜 필요한지 그리고 능수능란하게 대화를 할 수 있는 실전적 이론인 '정보통제이론'에 대해 소개하고 있다. 특히 정보통제이론은 필자가 설명하는 것을 넘어 본인 스스로 생각하고 얼마든지 응용할 수 있는 중요한 이론으로, 나무보다는 숲을 보는 관점에서 대화를 전개시켜 나가도록하는 데 도움을 준다.

'PART 3'에서는 전체적인 구조 두 가지를 제시하고 그에 기반을 둔 사례를 분석적으로 소개하고 있다. 사실 대화에서는 어떻게 대화하느냐보다 어떤 방식에 기반을 두어서 대화하느냐가 더 중요하다. 그런 점에서 '반전 구조'와 '의미부여 구조'는 아주 중요한 구조이다.

　마지막으로 'PART 4'에서는 필자의 자그마한 사회에 대한 단상과 필자를 포함한 오늘날의 20대 젊은이들에게 스스로 성찰해 볼 거리들을 제공한다. 좀 더 필자 자신을 돌아보고, 반성하며, 어떻게 살아나가야 할 것인지에 대해서 생각해 볼 것들을 소개하고 있으니 찬찬히 읽고 성찰해 보길 바란다.

2013년 8월
아르케

차례

PART 0.
기본 예의 및 룰

01

기본 예의

여러분들은 이 세 가지 사항에 대해서 스스로 부끄럽지 않게 잘 지키고 있는가? 그리고 한 가지 더. 이 세 가지 사항과 연애하는 것과 어떤 관련이 있을까?

첫 번째 질문에 대한 필자의 답은 대부분 그렇지 못하다는 것이다. 즉, 요즘 사람들은 너무 이기적이고 자기만 아는 것 같다. 특히 20대 초반의 사람들은 더 그렇다. 사실 사람을 대면하는 과정에서 첫 인상은 대단히 중요하다. 그런데 이 첫인상을 좋게 만드는 데 기여하는 것이 시간약속과 예의인데, 이를 잘 지키지 않는 사람이 너무 주변에 많

아…
시간 없어…
부지런한
자의
여유!
12
9
6
3

은 것 같다. 군대 갔다 오면 많이 나아진다고 하지만, 군대 갔다 와서도 철들지 않은 사람들도 많다. 비단 첫인상을 넘어서 인간관계에서 중요한 것이 시간약속을 잘 지키는 것인데, 이를 잘 지키지 않는 사람들이 너무 많은 것이다.

이 시간 이후부터는 적어도 어떤 누구와 약속을 잡든 - 나보다 나이가 많든 적든 - 최소 30분 전에는 도착해서 미리 기다리고 있기를 바란다. 군말할 필요 없이 시간약속 잘 지키는 것은 모든 만남의 첫 단추를 잘 끼울 수 있는 중요한 사항이며, 결국에는 나에게 무형적이든 유형적이든 큰 이득을 안겨줄 것이다.

다음으로 예의이다. 나이 많은 어르신에게는 반말하는 사람이 그다지 없는 것으로 알고 있지만, 특히 20대 후반이나 30대인 분들에게 너무 편한 말투로 말하는 20대 초반의 사람들이 너무 많다. 자기 딴에 스스럼없이 관계를 유지하기 위한 이유라고 말하지만 그런 편한 말투를 듣는 상대방은 기분이 무지 나쁘다. 그런데 이런 행동은 습관화되기 쉽고, 잘 고치기 힘들기 때문에 어린 나이에 있는 20대라면 반드시 고치길 바라고, 나이가 어느 정도 있는 분이라면 필사적으로 고치도록 노력하라.

　아울러 부디 신의를 지키길 바란다. 특히 이런 신의는 남자 간에 있어서 절대적이다. 신의는 믿음과 의리를 뜻하는 말인데, 이것은 인간이면 모름지기 지켜야 할 덕목이다. 그런데 주변을 보면 너무 자기 위주의 사고로 믿음과 의리를 지키지 않는 사람들이 많다. 그런 분들은 이런 모습이 근시안적으로만 도움이 된다는 사실을 모르고 있다. 왜냐하면 신의를 지키지 않았을 경우, 주변 사람들은 나를 믿음직스럽지 못한 존재로 생각하고, 결국 나는 그들로부터 온갖 비난을 한 몸에 받을 것이기 때문이다. 그러나 신의를 지키게 되면 주변사람들로부터 신뢰를 얻게 되고, 나를 따르게 되며, 결국 관계 형성을 원만하게 하는 데 큰 역할을 하게 된다.

　이상 시간약속과 예의에 대해서 알아 보았다. 그런데 아직 답하지 않은 질문 한 가지가 있다. 앞서 이런 것들이 연애하는 것과 어떤 관련이 있냐는 것인데, 시간약속을 잘 키면 상대에게 좋은 인상을 심어줄 수 있고, 예의를 지킨다면 내가 일반 사람과는 다른 매력적이고 모범적인 사람이라고 여길 수 있다. 나아가 이런 것들은 기본적으로 본인이 성공하는 데 있어서 필수불가결한 것들이다. 대부분의 성공하는 사람들의 공통된 속성들에는 꼭 시간약속과 예의가 반드시 포함되어 있다. 물론 이런 것들은 금방 효과가 나타날 수도 있고, 나지 않을 수도 있다. 하지만 먼 미래를 보았을 때, 결과적으로 큰 도움이 될 수 있는 것들이므로 오늘부터라도 꼭 실천을 하자. 금전적인 것만 이자가 불어나서 내게 도움이 되는 것은 아니다. 이런 비금전적인 것도 시간이 지니면서 누적됨에 따라 본인에게 금전적인 것 이상의 것들을 안겨주게 될 것이다.

(1) 확신감을 가져라.
(2) 버릴 수도 있다는 마인드를 가져라. 이성과는 언제나
   헤어질 수 있음을 명심하라.
(3) 언제나 중요한 건 나다.
(4) 자신의 삶에 충실해라. 그리고 원하는 것을 성취하라.

(1) 확신감을 가져라

본인이 하는 말, 본인이 하는 행동에 대해 확신감을 가지길 바란다. '내가 이렇게 말하면 상대의 반응은 별로 안 좋을 것 같은데……', '내가 이렇게 행동하면 오버라고 생각하지 않을까'와 같이 미리 패배자적인 인식을 재단해버리면 그 말이나 행동이 상대에게 잘 전해질 리가 없다. 아무리 뛰어난 미사여구의 말이라도, 좋은 행동이더라도, 내 마인드가 이미 실패를 겨냥하고 있기에, 그런 분위기가 상대에게 '감'으로 전달될 수밖에 없다.

무엇을 하든지 '반드시 내 것은 통한다'라는 확신감을 가져라. 확신감을 가지는 것은 큰 노동이 드는 것도 아니고, 손해도 아니기에 '밑져야 본전이다'라고 생각하고 과감하게 확신감을 가지길 바란다.

(2) 버릴 수도 있다는 마인드를 가져라

사실 이성과의 만남에서 '비움의 사고'는 대단히 중요하다. 내가 여자 친구를 만들기 전에도 그렇고 만난 이후에도 그러한데, 언제나 상대와 헤어질 수 있다는 것을 명심해라. 이 말은 단순히 '언젠가 이별하니까 아무렇게나 행동해도 되겠지' 하는 수준 낮은 사고를 뜻하지 않는다. 즉, 이것은 상대에 대해 집착하지 말라는 의미이다. 상대를 내 바운더리에 구속하고 집착적으로 행동하는 것은 올바른 관계를 형성하는 데 장애물로 기능한다. 뿐만 아니라

'내가 정한 이성의 기준'에 부합되지 않는다면 그녀와의 관계를 청산하고 버릴 수도 있다는 마인드를 갖는 것도 중요하다.

(3) 언제나 중요한 건 나다

모든 사고의 중심은 '나'이다. 다른 누군가가 될 수 없다. 이는 배려를 전혀 하지 말라는 의미가 아니다. 다시 말해 이것은 내가 어떤 사고를 할 때, 의존성 성격장애환자마냥 항상 타인의 반응을 두려워해 좋게 말하면 타인을 배려하지만, 나쁘게 말하면 타인의 견해에 기대어 판단하는 줏대 없는 사고를 하지 않는 것이다.

(4) 자신의 삶에 충실해라.
그리고 원하는 것을 성취하라

연애에 광적으로 에너지를 소모하는 사람들이 많은데

이들은 찰나의 20대, 돌아올 수 없는 20대의 시간을 저당 잡히고 연애질하다 뒤늦게 그 시절을 두고 회한의 세월이라며 통탄할지도 모른다. 연애를 하든 무엇을 하든 적어도 자신의 삶에 충실하지 않는다면 나 개인적으로 그런 것들은 무의미하다고 본다. 자신의 삶에 충실한 후 그에 덧붙여서 연애를 하거나 외부활동을 하는 것이 바람직한데, 유흥에 빠진 20대 젊은이들은 오히려 자신의 삶에 충실하기를 뒷전으로 하고 즐기는 데에만 포커스를 맞추고 있어서 안타깝다.

그런데 그들은 이 사실을 알까? 나의 삶에 충실하면 그로부터 자신감이 발현되고, 그런 자신감으로 타인을 만나면 그들이 그런 것을 무의식적으로 느끼게 된다는 사실을 말이다. 그래서 보다 내가 주도적으로 관계를 형성해 나가고 리드해 나갈 수 있다는 사실을 말이다.

사실 인맥이라는 것도 별거 없다. 인맥은 대단히 현실적이고 냉혹한 것이다. 즉, 내가 잘 나가지 않으면 형성하기도 힘든 것이 인맥이고, 쉽게 언제든 끊어질 수도 있는 것이 인맥이다. 우리가 연애를 넘어 타인과 폭넓은 관계를 맺으며 인맥을 형성하고 싶다면 일단 나부터가 잘 나

야 하고, 결국 그 길은 내 삶에 충실히 하는 것 외에 별
다른 답이 없다.

행동 및 사고의 원칙

(1) 우유부단성 피하기 → 해야 할 생각이 들면 행동해라

사람들은 결정을 내리는 데 있어 대단히 우유부단하다. 예를 들어 이성에게 말을 걸 때도 말을 걸지 말지, 한참을 고민하고 돌아서거나 뒤늦게 말하더라도, 혹여나 실패라도 하면 괜히 했다고 자기를 자책하고 책망한다.

판단 : '내가 이 행동을 안 하면, 후회하지 않을까?
해결 : 그러면 행동해라.

결단력?
난!
한다면 하는
사람이야!

(2) 일 > 사랑이라는 인식

자기 할 일을 다 버리면서까지 사랑을 하지는 마라. 영화나 드라마 주인공처럼 상대 여자, 그 한 여자를 위해 내 모든 것을 던지고 할애하는 것은 지극히 낭만주의적이다. 그런 모습들은 현실이 아닌 영화나 드라마 안에서 벌어지는 일이고, 게다가 주인공들 또한 선남선녀들이다. 그 영화나 드라마는 본질적으로 이후 각 주인공들의 미래 모습의 존재가능성에 대해서 언급하지 않아서 우리는 그들의 긴 삶의 여정에서 아주 특수한 부분만 보게 될 뿐이다.

하지만 현실은 다르다.

내 할 일을 제대로 하지 않는다면, 즉 대학생이 대학생의 할 일을 제대로 하지 않거나 직장인이 직장의 일에 제대로 매진하지 않는다면 그것이야말로 '사랑'으로 인해 나 자신의 삶이 파멸로 이끌려 질 수도 있다는 점이다. 이는 사랑을 하는 것과 내 삶의 시간을 맞교환하는 행위가 될 수도 있다는 것이다.

내 할 일을 제대로 하지 않고 사랑에만 매진하는 것은 오히려 상대방에 대해서도 부끄러운 것이다. 상대방도 처음에는 자신한테 올인하고 투자했기에 좋은 감정을 갖겠지만 시간이 좀 지나면 '저 남자는 변변찮게 자기 할 일도 안 하고, 그냥 노닥거리는 남자에 불과해'라고 부정적인 감정을 갖게 된다.

PART 1.
연애의 흐름

연애의 흐름

<구조>
연애 전 → 연애 중 → 장기연애
만남 전
만남형성

도입

적어도 필자는 '연애는 과학이다'라고 생각한다. 전적으로 동의할 수는 없지만, 일부 강단 심리학자들이 '심리학이란 과학이다'라고 말하는 것처럼 말이다. 그들은 심리학 연구에 아주 훌륭한 요건인 '뇌'를 발견함에 따라 점성술, 혈액형(물론 혈액형은 한국과 일본에만 있고, 정식으로 심리학에서 다루지 않는다), 심지어는 임상심리학을 내켜하지도 않으며, '심리학 = 과학이다'는 남모를 정체성을 확립

해 나가려고 노력하고 있다. 물론 연애 또한 심리학 범주에 들어간다면 들어갈 수도 있다(혹자는 연애를 잘 하려고, 특히 여성의 심리를 꿰뚫어보려고 심리학을 전공하거나 이중 혹은 복수전공을 하려고 한다면 필자는 과감하게 말리고 싶다. 2000년대 이후로 뇌에 기반을 둔 인지 심리학으로 넘어오게 됨에 따라 현재는 생물에 기반을 둔 심리학을 배우며 뇌에 기반을 둔 사람의 반응을 탐구하고 해명하기 때문에 심리학에 있어 '생물'은 떼려야 뗄 수 없는 관계가 되어 버렸다. 물론 임상심리학이나 성격심리학처럼 배워서 응용해서 써먹을 수도 있는 분야가 있긴 하지만, 그래도 필자는 가급적 말리고 싶다). 왜냐하면 연애는 본디 사람의 마음을 이해하는 것에서 비롯되며, 또한 나 혼자가 아닌 상호간의 역동적인 반응에 초점이 맞춰져 있기 때문이다.

미 범죄심리학자이자 미드 '라이투미'의 실제 주인공이기도 한 폴 에크만이 개발한 얼굴움직임 부호화 시스템(FACS : Facial Action Coding System)은 얼굴 움직임을 파악해 사람의 감정을 읽어내는 것에 주안점을 둔다. 물론 이런 기술은 대단히 요긴하게, 특히 범죄 수사에서

어험!
심리학이 바로
과학이니라.
니라…
과학
심리학
연애야
말로
과학이라니까요
ㅋㅋ

범죄자를 식별하는 데 대단히 중요하게 쓰일 수 있지만, 무엇보다 수초 안에 재빨리 지나가버리는 무의식적인 반응을 캐치해야 하기 때문에 그 기술이 완전하게 유용하다고 볼 수도 없다. 뿐만 아니라 아무리 본능적인 반응은 속일 수 없다고 하지만, 이를 연애에 다시 적용해 보았을 때, 과연 그런 기술에 의거한 방식이 100% 진실적인 판단이라고 우리가 결론내릴 수가 있을까? 그렇다고 수초 만에 지나가버리는 심리상태를 파악하고자 상대방을 비디오로 찍어서 확인할 수는 없지 않은가? 통제된 상황에서, 가변적이지 않은 개체라면 몰라도 언제나 상황에 상호작용하며, 자유의지를 지닌 존재인 인간에게는 아무래도 그 효과성은 반감될 수밖에 없다.

또한 연애는 '실험자-피험자'의 1:1 상황이 아닌, '역동적 인간:역동적 인간'인 상호 대등한 관계이고 여러 상황을 포함한 다양한 변수에 영향을 쉽게 받을 수 있기에 과학적이 아니라고 말할 수도 있다. 하지만 적어도 연애는 경험적으로 축적돼, 그 축적된 것이 효과가 발휘된 것이라면, 우리는 단순한 과학이기보다 그 앞에 '경험적'이라는 수식어를 붙여 '경험적 과학'이라고 말할 수 있다.

필자는 여러분에게 결국 '연애는 과학이다'라는 전제하에 단순하지만 기본적인 연애의 구조를 제시하여 보다 더 경험에 근거한 연애를 해나갈 것을 권하고 싶다.

연애 전

1) 만남 전
① 어디서 만날까?

보통 우리는 어디서 이성을 만날까? 가장 기본적인 공간은 길거리, 대학교, 모임 공간 그리고 유흥가이다. 여기서 가장 무난한 것으로 꼽자면 '대학교 > 모임 공간 > 유흥가 > 길거리' 순이다.

부등호의 역순으로 왜 그런지 살펴보도록 하자.

우선 '길거리'이다. '길거리'의 경우 내가 다가갈 수 있는 이성의 수는 매우 많다. 하지만 길거리는 다소 경박스러운 공간이고, 길거리에서 만난 이성이 정말 내가 바라던 이성이고, 그래서 다가가 말을 걸고 전화번호를 얻어 추후의 만남을 도모한다손 치더라도 이런 경우는 사실 드물며 (내가 바라던 진정한 이성이라기보다 단순히 이성적인 외모 때문에), 그런 순수한 생각을 제외한다면 처음 보는 낯선 남자에게 응답해 주고 이후 만남을 가졌을 때 사실 장기적인 만남, 진지한 만남이 되기는 어렵기 때문이다(이에 반대의사가 있는 독자도 분명 있을 것이지만, '순수한', '진정한' 의미에서 장기연애가 과연 가능할 수 있을지, 그리고 소수가 아닌 이 책을 읽는 다수의 사람들도 그처럼 장기연애가 가능한지, 못한지 이런 관점에서 재고해 보기 바란다).

다음은 '유흥가'이다. 유흥가는 크게 클럽과 나이트클럽으로 나뉘는데, 길거리와 다른 점이 있다면 무엇보다 이런 유흥가는 보통 여성들이 즐기기 위해서 찾는다. 그리고 이 공간에 와 있다는 것은 적어도 남성이 말을 거는 것 자체가 어색하지 않다는 것이고, 그런 말 거는 것에 대해 여성들이 응수를 하든 무시를 하든 자유로운 공간이다. 그래서 이 공간에서는 남성들이 이성에게 길거리보다 편하게 다가가 말을 걸 수 있고 즐기는 목적이기 때문에 이성에게서 거부반응이 나와도 길거리보다는 덜 '쪽팔린다.' 물론 이런 공간들, 특히 클럽에서 말을 거는 것 자체에 어려움을 겪는 사람들이 많기는 하지만, 이것은 결국 극복할 대상이지 어려움을 겪어야 하는 대상이 아님을 알기 바란다.

하지만 이 공간들은 '길거리'처럼 진지한 만남을 지속하기가 쉽지 않다. 가령 클럽에서 '여친'을 사귀게 되었을 때, 여친이 클럽에 간다고 말한다면 과연 쉽게 허락하면서 잘 갔다 오라고 보내줄 수 있을까? 아니면 클럽에서 알게 된 여친과 결혼을 한다고 마음을 먹었지만 부모님에게 미래의 신붓감을 그런 공간에서 찾았다고 당당하게 말을 할 수가 있을까? 물론 만남의 장소보다는 사람이 더 중요하다는 것을 부인하지는 않겠다. 하지만 적어도 소수가 아닌 일반 대중의 입장에서 보았을 때는 선뜻 납득하기가 힘들다.

다음은 '모임 공간'이다. 모임 공간은 종류가 아주 다양하다. 각종 분야, 예컨대 경제 관련 모임, 영어 스피치 모임, 프레젠테이션 모임, 와인 모임 등 종류는 셀 수 없을 정도로 많다. 이 공간은 무엇보다 각자가 흥미가 있어서 왔기에 일종의 공통된 관심사가 배경으로 깔려 있고, 시간이

허락되고 마음이 허락된다면 꾸준하게 사람들과 관계를
형성해 나갈 수 있는 공간이다. 또한 일정기간이 지나면 서
로가 서로에 대해 잘 알게 되기 때문에 나 아닌 사람은 타
인이라기보다는 '모임에서 알게 된 친한 사람'으로 인식한
다. 그래서 내가 마음에 드는 이성이 있다면, 무엇보다 좀
더 진실 되고 진정성 있게 다가갈 수 있는 공간이 바로 모
임 공간이다.

끝으로 '대학교'이다(대학생이 아니라면 회사나 거래처
회사 등으로 생각하길 바란다). 대학교는 언제나 낭만이
남아 있는 공간이고, 캠퍼스 커플 소위 CC가 아주 많이
탄생되는 공간이다. 일단 본인과 같은 소속인 대학교 아래
있기에 내가 이성에게 다가가더라도 거부감이 덜하고, 여성
은 언제나 CC로망을 갖고 있기에 웬만하면 내가 말 걸었
을 때 무시하는 태도로 일관하지는 않는다. 또한 같은 과
라면 선배나 후배, 동기들과 격의 없이 지낼 수 있는 상황
이기에, 말 거는 것 자체가 실례가 되지 않으며, 본인이 마
음이 있다면 보다 당당하게 내 마음을 표현할 수 있다. 뿐
만 아니라 대학교는 대학교의 백미인 '동아리'라는 아주

훌륭한 공간을 갖고 있다. 같은 대학교 소속에, 그것도 같은 흥미를 지닌 공간인 동아리라면 서로가 대화를 나누더라도 부담 없이 나눌 수 있기 때문에 좋은 공간이 아닐 수 없다. 이처럼 외부 공간과 달리 어느 정도 나에 대한 확실한 신분증명이 전제되어 있기에 대학교는 이성을 만날 수 있는 좋은 공간이 될 수 있다.

02

어떻게 말을 걸 것인가?

앞서 네 공간으로 나누어 보았는데, 이 책의 의도는 본질적으로 'PART 3'에서 언급하게 될 커뮤니케이션에 있고, 이 파트는 기초적인 지식을 다루는 부분으로 간단하게 기술하도록 하겠다.

(1) 대학교

가정 : 어느 정도 그녀가 누구인지 최소한의 정보를 갖고 있다는 전제하에서 말해 보겠다.

*** 그녀에 대한 최소한의 정보를 갖고 있을 때**

오~잉
제법
진중한데
....

저... 잠시만요.
지금 수업들으러 가봐야
하는데,..
나중에
연락 주고 받으면서
알고 지내요.

나 : 잠시만요. 지금 수업 들으러 가봐야 하는데, 전 ××
학과인데 나중에 연락주고 받으면서 알고 지내요.

*** 그녀가 누구인지 잘 모르지만 매번 같은 공간(혹은 지
점)에서 만날 때**
나 : 잠시만요. 매번 이 공간(지점)에서 자주 마주쳤는데
이제야 말을 하게 되네요. 저 또한 지금 ××동아리
방에 가봐야 하는데, 연락드릴 테니 알고 지내요.

(2) 모임 공간

가정 : 모임 공간은 이미 서로가 누군지 다 알고 있는 상
황이기에 어느 정도 대화를 나눈 상황을 가정으로 한다.
주 1회 모임을 갖는다면 최소 3주 이상은 지난 뒤에 사귀
자는 말을 하도록 한다. 1~2주는 서로를 확인하는 단계이
고 또 모임의 관점에서 볼 때 모임에 더 몰입한 시점이기에
사귀자는 말을 하는 것은 대단히 경박스럽게 보이는 행동
이다.

나 : (당당하게) ××씨, 잠시 할 말이 있어요. 우리 편하
게 알고 지내요

나 : (당당하게) ××씨, 잠시 할 말 있어요. 그동안 ××모
임 지내면서 너무 섣부른 판단은 하기 싫어서 심사
숙고해서 내린 결론인데, 앞으로 알고 지내요.

유흥가와 길거리는 진지한 만남이 통상적으로 어렵다는
점에서 생략하도록 하겠다(어디까지나 이 책은 소수를 위
한 상황을 전제로 하는 책이 아니라 다수를 위한 상황을
전제로 하는 책이다. 첨언하자면, 소위 '헌팅'을 위한 책은
아님을 다시금 밝힌다). 만약 이 부분을 다루지 않았다고
아쉬워하는 독자가 있다면 '진지한 만남'보다는 '일회성'
만남을 염두에 두었을 것으로 보인다. 다시 말하지만 이
책의 의도는 바람직한 연애 라이프를 커뮤니케이션의 관점
에서 구축하는 것이기에 가급적 생략하고 넘어가도록 하
겠다.

*** 이성에게 말 거는 것이 두려운 사람에게……**

행동치료기법 중 하나로 '체계적 둔감화'라는 것이 있다. 조셉 월피 교수가 창안한 것인데, 이것은 특정 자극이나 상황에 대하여 비정상적으로 강한 불안이나 공포를 나타내는 사람을 치료하기 위해 사용된다(네이버 실험심리학 용어사전에서 정의 발췌). 보통 불안 위계 목록을 작성해서 그 문제를 해결해 나가는데, 이를 응용한 사례를 소개하자면 다음과 같다.

만약 타인 앞에서 말하기 두려워하는 사람이 있다고 하자. 이때 그의 해결책이다.

① 친근한 모임(잘 알고 있는 사람들과 모이는 모임)에서
　　돌아가면서 책 읽기
② 친근한 모임에서 돌아가면서 자기 의견 말하기
③ 동아리 회의 때 자신의 의견 말하기
④ 수업시간에 교수님에게 질문하거나 발표하기
⑤ 새로운 모임에 가서 타인 앞에서 말하는 것 실천하기

그리고 이성에게 말 걸기 두려워하는 사람을 위한 해결

와…
역시 단계별
체험이 효과!
그리고
적극성
!!
지나가는 사람에게
이성에게 말걸기

책은 다음과 같다.

① 새로운 모임에 참석해 동성에게 말 걸기

② 새로운 모임에 참석해 이성에게 말 걸기

③ 스피치 모임에서 3분 스피치하기

④ 스피치 모임에서 순발력 있게 스피치하기

⑤ 그 이성 앞에 다가가기 전에 지나가는 사람에게 길 묻기

⑥ 이성에게 말 걸기

여기서 한 가지 당부할 점은 모든 수준(①~⑥)에서 핵심은 '무엇이든 생각나면 머뭇거리지 말고 말하고 행동하라는 것'이다. 그리고 적극성은 평소 생활을 잘 하는 것에서부터 비롯되므로 자기 할 일, 자신의 삶에 최선을 다하도록 하자(이 말은 앞으로도 계속 언급될 것이다).

이 부분은 패턴 커뮤니케이션 부분에서 다룰 계획이다.

단, 여기서는 '스킨십은 대체 언제 할까?'에 대해서 간략히 밝히고 넘어가도록 하겠다. 대부분의 사람들이 굉장히 난처해하는 것이 바로 이성과의 스킨십을 언제 하느냐이다. 즉, 스킨십의 타이밍을 잘 모르겠다는 사람이 참 많다. 가장 기본적인 것은 스킨십은 '분위기 속에서 하는 것'이다.

즉,

① 나의 내면적 확고함이 느껴지는 남성적인 분위기
② 로맨스적인 무드 속에서 느껴지는 낭만적인 분위기
③ 주변 환경(조명, 장소)에서 느껴지는 분위기
④ 유머러스한 상황 속에서의 생동감 있고, 가벼운 분위기

이 모든 것의 공통점은 '스킨십은 분위기 속에서 진행해야 하는 것'이다. 이런 분위기가 전제되지 않고 무턱대고 상대와 스킨십을 하게 되면 당연히 낭패만 볼 뿐이다. 이 점을 꼭 명심하길 바란다.

　사실 연애를 오래도록 지속시키는 것은 힘들다. 물론 아는 지인의 경우 참 영화 같은 사랑을 하기도 했다. 잠시 말하자면, 채팅이 유행했던 시절 그분은 채팅으로 한 여성을 알게 되었다. 채팅을 통해 서로에게 호감을 느끼기 시작했고 화이트 크리스마스날 서로 만나기로 약속을 잡았다. 그는 그녀가 살고 있는 지방에 내려가서 하얗게 내리는 눈을 맞으며 서로를 확인하고 만남의 키스를 나누었다. 그 뒤로 그분은 대학교를 다니며 서로 교대로 자기가 사는 곳으로 장기 연애를 했다. 만남도 만남이지만 참 많은 추억도 나누었고 근 2년을 넘게 사귀었다고 했다. 그런데 이런 얘기는 참 극소수의 이야기이다. 그분의 러브스토리는 그만큼 첫 얼굴 대면하는 만남의 과정이 대단히 길었기에 그동안 채팅으로 서로가 누구인지 잘 알고 마음이 맞았기 때문에 오래도록 지켜낼 수 있었던 것이다.

　사실 대부분의 커플들은 성격 차이로 혹은 의견 차이로

헤어지는 경우가 대다수이다. 그런데 장기 연애의 팁은 따로 존재하지가 않는다. 커플들마다의 특수한 상황들과 사연들이 복잡하여 얽혀있기에 일종의 일반화된 팁으로 제안하는 것조차 옳지 못하다. 한 가지 팁을 찾는다면, 결국 관계에서 '나와 그녀'의 행동이 어떠냐에서 찾을 수 있다.

한 가지 묻고 싶은 것이 있다. '매일마다 맑은 날씨가 지속된다면 좋은 현상일까?' 말하는 뉘앙스로 미루어보아 그렇지 않다는 것은 잘 알 것이다. 사실 매일 맑은 날씨가 지속되면 그 지표면은 열사의 땅, 사막이 돼 사람이 살 수 없는 공간이 된다(아, 참고로 배경지식을 쌓을 겸해서 부연설명하자면, '사막'이라 할 때 사하라사막 등의 사막을 떠올리는 경향이 있는데, 사실 이런 사막들은 전체 사막 중 큰 비중을 차지하지 않는다. 그리고 사막의 정의도 사실 연 강수량 250mm 미만을 뜻하는 것이기 때문에 모래사막이 아니더라도 연 강수량을 그 정도 충족하면 사막이라고 한다). 남녀의 연애관계도 마찬가지이다. 하물며 같은 핏줄인 형제자매 간에도 싸우는데, 서로 다른 집안에 속하는 커플들은 오죽하겠는가. 당연히 지속적인 관계를 형

적인지 아군인지…
멀리서 제대로 관측 해야…
?
연애전선

성해 나갈 때 갈등과 싸움은 필연적으로 발생할 수밖에 없고, 이럴 때마다 무엇보다 기본 마인드는 '연애 관계에서 갈등이나 싸움은 당연하다. 단지 이것을 어떻게 해결하느냐에 초점을 맞추는 것이 필요하다'이다.

한편 처음에는 상대에게 긍정적인 모습만 보인다거나 단점이 있더라도 그냥 무시하지만 오랜 관계에서는 자꾸만 상대가 불완전해 보이고 사소한 단점까지도 큰 문젯거리로 인식된다(사실 인간의 심리가 그렇다. 처음에는 전체적인 면에 초점을 맞추어 거시적으로 인식하지만, 어느 정도 적응이 되면 전체적인 면보다는 부분적인, 디테일한 부분에 초점을 맞추게 된다. 어떤 사물이나 사람이든지 간에). 사실 이런 문제도 결국 의식 차원에서 해결해야 하는데, 우선 서로는 본디 불완전한 존재라는 것을 인정하며 근본적으로 '만남'을 서로에게 결핍된 것을 메워놓는다는 인식이 중요하다. 물론 자신이 정해놓은 기준, 예컨대 '행동거지 면에서 바르지 못한 여자는 사귀지 않는다', '남친을 돈 쓰는 물주로 보는 여자와는 어떠한 상황에도 사귀지 않는다' 등의 기준에 해당되면 헤어지는 것이 낫다. 자기가

정한 기준과 가치관을 포기하거나 양보하면서까지 이성과 만날 필요는 없기 때문이다. 오히려 그런 것을 꾹 참고 넘어갈 시에는 지속적으로 그 기준이 자기 머릿속에 맴돌며 기준에 해당되는 행동을 '여친'이 할 때마다 그 기준이 자기 자신을 심적으로 괴롭힐 것이기 때문에 바람직하지가 않다.

PART 2.

구조 패턴 커뮤니케이션의 필요성 '정보통제이론'

01

왜 구조 패턴 커뮤니케이션인가?

머리말에서도 언급했듯이, 구조 패턴 커뮤니케이션은 대
화의 말에 초점을 둔 것이라기보다는 대화의 구조와 패
턴에 초점을 둔 커뮤니케이션이다. 무엇보다 구조와 패턴
에 초점을 맞춘 커뮤니케이션의 장점은 대화를 거시적으
로 바라보게 돼, 어떠한 상황에서라도 막힘없이 대화가 가
능하도록 하고, 세부적인 '멘트'를 잊어 버렸다고 할지라도
전체적인 구조를 숙지하고 있기 때문에 특별히 문제가 되
지 않는다.

결국 상대와의 대화를 주도적으로 이끌어 나갈 수 있는
이런 구조 패턴 커뮤니케이션에 대해서 잘 숙지할 수 있다
면, 우리는 성공적인 커뮤니케이터가 될 수 있다. 그리고 이

런 구조 패턴 커뮤니케이션을 잘 하는 데 큰 도움을 줄 수 있는 것이 '정보통제이론'이다. 이에 대해서 깊이 있게 살펴 보도록 하자.

02

정보통제이론

(1) 정보통제이론이란?

　보통 대화를 하다보면 너무 쉽게 끝나 버리는 경우가 많다. 토막 난 대화가 계속 지속되면 나도 그렇고 상대도 지루함을 느끼기 쉽다. 이런 상황이 야기된 까닭은 무엇보다 처음부터 너무 과도하게 정보를 제공했기 때문이다. 즉, 정보를 올바르게 조절하거나 통제하지 못하고 과도하게 스팸메일 날리듯 뿌려놓은 것이 원인이다. 그렇기 때문에 대화가 재미있을 수가 없고, 상대 또한 나에 대한 정보를 너무 쉽게 얻기 때문에 관심이 증가하기는커녕 오히려 감소하기 쉽다.

　이를 해결하고 전반적으로 대화를 능숙하게 이끌어가기

위해서 필자는 '정보통제이론'을 개발해냈다. 결국 '정보통제이론'이란 대화를 능숙하게 이끌어가고, 주도적으로 리드해가며, 상대가 나에 대한 관심과 호감을 높일 수 있는 방법을 말한다.

(2) 정보통제이론의 방식

크게 정보통제이론의 방식에는 다섯 가지가 있다.

- 응대법 ┌ 답변 회피
         └ 답변 전가
- 질문법
- 답변 유보 ┌ 시간적 유보
           └ 금전적 유보
- 정보 흘리기
- 시간적 지연

각각을 한 번 살펴보도록 하자.

첫째는 '응대법'이다. 응대법이란 간단히 말해 상대의 말에 대한 응답 방법을 의미한다. 이런 응대법에는 '답변 회피'와 '답변 전가'가 있다.

'답변 회피'란 가령 상대가 내게 취미가 뭐냐고 물었을 때, 그에 대한 답변을 하지 않고 다른 말을 하거나 내가 원하는 질문을 하는 것을 말한다. 이런 방법은 쉽게 답변을 주지 않는 느낌이 들게 해 '쉬운 상대는 아니구나'라는 느낌을 전해주게 된다. 물론 내가 원하는 질문을 했을 때, 상대가 나보고 내가 먼저 물었으니까 먼저 답하라고 말한다면 서로 누가 먼저 말해야 하는지에 대해 흥정을 하면 된다. 상대의 반응을 관찰해 가면서 상대가 먼저 답하면 넘어가되, 상대가 슬슬 약 오르려고 하면, 그때 내가 못 이기는 척 답하면 된다. 이 또한 '답변 회피'에서처럼 쉬운 상대가 아님을 느끼도록 만드는데, 주의할 점은 기싸움하는 느낌이 들게 해서는 안 된다는 것이다. 이를 방지하기 위해 아주 당연하다는 듯이, 태연하게 말하거나 약간 웃음을 띠며 온화한 분위기에서 말하는 것이 필요하다.

그리고 '답변 전가'란 상대가 한 질문에 대해 내가 답변하기보다 되레 상대에게 재질문을 해서 상대가 답하도록

왜 이리
뜸을 들이지?
돌콩 잡곡밥
짓나?
흥!
괜히
물어봤네...
흠....
이제 슬슬 대답해
줄 때인가?
ㅋㅋ
뜸은 적당히...

만드는 것이다. 물론,

　상대 : 그쪽 취미가 뭐에요?
　나 : 그쪽 취미는 뭔데요?

라고 기싸움하는 식으로 '답변 전가'를 하는 것은 아니다. "제가 되게 그 부분을 궁금해 했는데, 그쪽 취미는 뭐에요?"처럼 상대가 먼저 답변하게끔 명분을 제시하는 것이 전제되어야 한다. 결국 이처럼 응대법은 상대로 하여금 내가 쉬운 상대가 아님을 느끼도록 만드는 방법이다.

둘째는 '질문법'이다. 질문법은 대화에서 주로 흐름을 전환할 때 쓰인다. 기존에 나누고 있던 대화를 그만두고 다른 화제로 넘어가고 싶을 때 상대에게 질문을 던진다. 보통 우리가 질문을 하는 이유는 모르는 정보를 얻기 위해서이기도 하지만 때로는 이것이 상대와 의사소통을 해 나가는 방향키 역할을 하는 데 기여하기 때문이다. 즉, 이런 질문을 하는 자는 마치 큰 선박의 항로를 바꾸도록 지시하는 선장과도 같은 것이다. 이런 점에서 '질문'은 가벼운 방법이지만 대화의 흐름을 조절하고 방향을 바꿀 때(흐름 전환할 때) 사용된다.

셋째는 '답변 유보'이다. 답변 유보는 다시 '시간적 유보,' '금전적 유보'로 나뉜다. '답변 유보'란 상대가 원하는 답을 곧바로 대답하지 않고 유보시키는 것을 말한다.

'시간적 유보'란 일정한 시간을 걸고서 그 시간이 지나면 답해주겠다고 하는 방식이다. 이럴 경우 내가 쉬운 상대가 아님을 인지시키는 똥시에 대화의 완급까지 조절할 수 있다. 그 예로는,

나 : 궁금해? 그럼…… 3분 뒤에 말해 줄게.

정도가 있다. 그리고 '금전적 유보'란 일정량의 금액을 주면 답해주겠다는 것인데, 예컨대,

나 : 궁금해? 그럼…… 3,000만 원 주면 말해줄게.

같은 것이 있다. 이 방법은 터무니없는 금액을 제시함으로써 상대가 어이없어 하면서 동시에 어느 정도 유머러스한 느낌이 들도록 만든다. 그리고 이를 반복적으로 사용하면 유행어처럼 돼 은근히 상대가 이 말에 중독되기도 한다.

넷째는 '정보 흘리기'이다. 여기서 정보 흘리기란 나의 말을 상대에게 할 때, 단답식이 아닌 구체화된 주관식으로 말하면서 나에 대한 여러 정보들을 상대에게 흘리는 것이다. 단답형식의 말에 대해서는 상대가 별다른 말할 거리가 없지만, 이 같은 방식으로 정보를 흘리면 상대는 그 정보들 중에서 선별해서 내게 질문하게 되고 또 대화를 이어나갈 수 있게 된다. 결국 정보 흘리기란 상대방이 내게 대화를 계속 지속시키도록 의도적으로 말할 거리를 제공하는 방법을 말한다.

끝으로 '시간적 지연'이 있다. 이것은 주로 상대를 놀리는 데 사용하는 것인데, 말하는 과정에서 의도적으로 온전한 말을 끊어서 지연시키며 말을 함으로써 상대가 '그 지연된 부분'에 해당되도록 유도하는 것을 말한다. 보다

더 고급스러운 대화 기법으로서 이는 'PART 3'의 사례 9)
번에 제시되어 있다.

(3) 단답식의 답변에서 벗어나라

　단답식의 답변에서 벗어나라. 그리고 그 방법 가령 "너
오늘 점심 뭐 먹었어?"라고 상대가 묻는다면 대부분 "돈
가스!"라고 대답한다. 같은 남자 사이라면 대충 그 정도로
답변해도 서로 간에 공감대가 형성되어 있기에 다른 화제
로 넘어가도, 아무 쓸데없는 얘기를 해도 별 상관이 없다.
하지만 상대가 이성이라면? 나의 답변을 듣고 그 다음 대
화를 치고나갈 틈이 없다. 정보통제이론에 따라, '정보 흘
리기' 자체가 없기 때문에 상대는 그 말을 듣고 '저 남자,
되게 무뚝뚝하네', '날 싫어하는 건가?' 하며 오해하기도
한다. 정작 남자의 입장에서는 그녀를 싫어하기 때문에 하
는 말이 아니고, 원래 하던 답변방식이었기 때문이다.
　다음 광고를 한 번 보도록 하자.

“자, 맥주의 생명은 몰트와 홉의 비율, 두 친구가 격렬하게 차오를 때 부드럽게 감싸 안아주는 이 크리미한 거품, 와우~”

이 광고는 ‘먹방계’의 아이콘인 하정우가 찍은 모 맥주 광고인데, 그가 말하는 것을 듣고 나서 어떤 느낌이 드는가? 그런데 만약 하정우가 이런 대사를 했다면?

“시원한 맥주. 맛있네.”

아무런 호응도 얻지 못하고 별 감흥도 느끼지 못했을 것이다(물론 이처럼 간결해도, “시원한 맥주……. 살아있네!”라고 했다면 거의 촌철살인급이었을 것이지만).

그럼 어떻게 하면 맛깔스런 대화를 할 수 있을까?

가장 쉬운 방법은 ‘주관식’으로 답하는 것이다. 초등학교 때부터 고등학생에 이르기까지 우리는 그간 객관식에 대해 답하는 것에만 길들여져 왔다. 자신의 생각보다는 선지가 말하는 것을 수동적으로 고르면 그만이었다. 그런데 이성과 대화하다 보니 커다란 장벽에 직면했다. 단순히 객관식 선지에서 선지를 고르는 것 같은 대화는 더 이상 통하지 않게 된 것이다. 이런 문제와 연관성 있게 살펴보아야 할 것은 우리 남성들은 여자들과 달리 주로 친구와 만나면 그런 길들여진 방식에서 탈피하지 못하고 단답식 대화만으로 대화했고, 그렇게 대화해도 충분했으며, 별 문제를 느끼지 못했다는 것이다. 물론 남성은 입이 무거워야 하고, 가급적 말을 많이 하지 않는 것이 미덕이라고 그동안의 사회가 그런 식으로 요구해왔고, 또 그런 모습이 오늘날까지 고질적인 병폐마냥 해소되지 않고 있다. 게다가 오늘날의 드라마나 영화에 등장하는 주인공들은 보통 포스가 있으며, 과묵하고, 옆의 동료들이 말을 많이 해 그들은 떠 받쳐주는 구조가 많다. 신데렐라 콤플렉스를 이용해서 시청률 높이려는 드라마(파리의 연인, 시크릿 가든 등 수없이 많다)와 비슷하게, 이런 구조는 남성들로 하여금 그런 행동을 취하도록 학습시키기도 한다.

본격적으로 들어가기에 앞서 몇 가지 원칙을 제시하면,

첫째, 구체적으로 풀어서 말하라.

둘째, 오감적인 대화를 하라.

셋째, 비유적인 표현을 많이 읽고 익숙해지도록 하라.

첫째, 구체적으로 풀어서 말하라.

가장 쉬운 방법은 역시 구체적으로 풀어서 말하는 것이다. 앞서도 설명한 것처럼 단순하게 "돈가스 먹었다"고 하면, 상대방 입장에서는 참 할 말이 없다. 반면에 구체적으로 풀어서 말하게 되면, 상대가 그 말을 듣고 치고 나올 수 있어서 대화가 잘 이어질 수 있다. 단 여기서 주의할 것은 되도록 구체적으로 풀어서 말을 하되, '주의를 끌만한 정보'가 담겨야 한다는 것이다. 다시 말하자면, 구체적으로 풀어 말한답시고, 무미건조하게 "김천에서 돈가스 먹었어"라고 말하면, 비록 구체적으로 말하긴 했지만 딱히 상대가 들었을 때 치고 나올만한 '주의거리'가 없다. 이때 우리에게 필요한 것이 '오감적인 대화'를 하는 것이다.

둘째, 오감적인 대화를 하라

오감이란 시각, 청각, 촉각, 후각, 미각을 말한다. 물론 오감적인 대화란 이런 오감을 사용해서 말해야 한다는 것이다. 여기서 중요한 것은 너무 시적인 표현으로 흐르면 안 된다는 것이다. 앞서 하정우의 모 맥주 광고를 다시 살펴보자.

"자, 맥주의 생명은 몰트와 홉의 비율, 두 친구가 격렬하게 차오를 때 부드럽게 감싸 안아주는 이 크리미한 거품, 와우~"

무생물적인 몰트와 홉을 시각적인 비유를 통해 정말 맛깔스럽게 표현하고 있다. 하정우가 '먹방의 신'이라는 사실을 차치하더라도 정말 맥주를 마시게끔 만든다. 이와 같은 관점에서 앞서 예로든 "오늘 뭐 먹었어?"에 대한 대답을 살펴보자. 예를 들어 이 경우 자신이 먹은 음식을 이런 식으로 표현해 보는 건 어떨까?

나 : 김천 가서 야들야들 노릇하게 구운 돈가스를 먹었어. 아줌마 서비스도 좋아서 다시 한 번 더 방문하려고(여기서 김천이란 김밥천×을 말한다).

셋째, 비유적인 표현을 많이 읽고 익숙해지도록 하라.

우리가 오감적이고 비유적인 표현을 잘 사용하려면 기본기가 다져져 있어야 하는 것은 두 말하면 아이유의 잔소리다. 우리가 시인이 아닌 이상 이런 표현이 무의식적으로 툭 튀어나오지는 않기 때문이다. 앞서 시적인 표현은 되도록 피하라고 했지만, 그럼에도 불구하고 가장 좋은 참고서는 역시 문학이다. 다소 과한 느낌이 든다고 하더라도 우리가 사용할 때에는 우리 입맛에 맞게 가공해서 사용하면 되기 때문이다.

이에 대한 예시적 교재로, 영원한 고전인 《일리아스》, 읽으면서 뜬금없이 나를 당혹시켰던 《에르메스 길들이기》 그리고 (한국일보 문학상을 수상한) 김원일의 《도요새에 관한 명상》에 대해 살펴보도록 하자. 추가적으로 말하자면, 여기 제시되는 표현들은 아마 대부분 그대로 사용하기는 힘들 것이다. 중요한 점은 이런 문학서적을 읽으며 비유적인 표현에 익숙해져 이후의 대화에 사용하는 데 도움을 주기 위한 것이다(익숙해지면 굳이 내가 의식하지 않더라도 무의식적으로 대화하면서 툭 튀어나오게 될 것이다). 그리고 《일리아스》의 경우 특정 부분을 발췌한 후 각각의 표현에 대해 간략하게 필자가 그 부분을 읽고 떠올린 표현적 발상을 소개했고, 《에르메스 길들이기》의 경우 발췌를 한 후 이에 대한 보충설명을 적었으며, 추가적으로 김원일의 소설은 비유적인 표현만 적어 보았으니 독자 스스로 한번 생각해 보길 바란다.

① 《일리아스》

– 제1권 350행

그는 잿빛 바다의 기슭에 홀로 앉자 끝없는 바다를 바라보며 두 손을 들어 사랑하는 어머니에게 열심히 기도했다.

→ 그는 자신의 고향, 가벼운 동산에 올라 수평선 뒤로 서서히 점멸해 가는 잿빛 태양을 바라보며 곧 찾아올 저녁의 신과의 입맞춤을 고대하고 있었다.

– 제9권 555행 중

주위의 모든 망대들과 산등성이들과 우거진 골짜기들이 드러나고 하늘이 열리며 대기가 무한히 쏟아져 내려오고

→ 하늘이 비로소 열려 별들이 들판 위로 쏟아져 내렸다. 그는 두 팔을 쫙 펴, 한 아름 가득 그 별들의 정기를 마시고는 고된 생각을 떨쳐내려 애썼다.

– 제12권 285행

오직 굴러가는 파도만이 눈을 물리칠 뿐 그 밖의 다른 것은 제우스의 폭설이 쏟아질 때 모두 덮인다.

→ 기나긴 장마 속에 억수 같은 장대비가 온 도시 위를 덮쳤다. 오직 빌딩과 '그'만이 물리치며 버티고 있을 뿐이었다.

② 《에르메스 길들이기》
– 38페이지 중

최근에 수리한, 지은 지 200년 된 아파트가 큐피드의 화살처럼 날아왔다. 내가 로맨틱한 사람이기도 하지만 진정 첫눈에 반해 버렸다. 람블라스의 건물이 내가 스페인 건축에서 가장 좋아하는 것을 모두 담은 그림엽서 그 자체였다. 연철 발코니와 프랑스식 새 유리문, 유리와 돌로 이루어진 6층짜리 아파트는 구세계의 매력과 새 페인트의 향기를 풍겼다. 고풍스런 건물 정면의 1층과 2층은 유리로 둘러싸인 중앙 홀로 개조되었고, 현관 로비는 대리석과 마호가니로 이루어져 호화로웠다. 마치 건축가 I. M 페이와 세인트 패트릭 성당이 만난 것 같았다. 엘리베이터에서 내려 강철과 유리로 이루어진 인도교를 걸을 때 가슴이 쿵쾅거렸다. 거대한 아파트 문을 열자 산뜻한 흰색 벽과 옅은 오크 목재의 새 마루가 눈에 들어왔고, 거대한 창문으로 채광이 쏟아졌다. 창문 밖으로 옆 건물들의 지붕이 내다보이는 전망이 매력적이었고 마치 실내 공간이 확장된 듯 느껴졌다.

우선 이 소설에 대해 필자가 놀란 까닭은 한참 잘 읽다가 주인공이 남자에 대한 지극한 관심을 갖고 있었다는 사실 때문이었다. 그렇다. 그는 게이였다. 게이라고 생각지 않고 단순히 남자니까 여자를 좋아하겠지 하고 읽었는데, 중간에 누구를 관심 있어 하는 부분에서 여성이 언급도 안 되었는데, 너무 자연스럽게 이야기가 전개되어서 참 낮

설었다. 그런데 한편으로는 게이라서 이해가 간 것도 있다. 사실 우리들은 게이에 대한 일종의 선입견을 갖고 있다. 패션이나 감각적인 면에서 뛰어나다는 것 말이다. 주지하다시피 패션계 유명 디자이너들은 남자들의 경우 거의 다 게이이고(크리스토퍼 베일리의 경우 게이라는 사실이 알려지고 난 후 뭇 여성들이 큰 실망감을 느꼈다는 소문도 있다), 이처럼 감각을 요하는 직업에 많이 포진돼 있다. 그랬던지라 이 책도 상당히 섬세하면서 비유적인 부분이 세련되게 잘 표현되어 있다. 이 책에서 우리가 배울 수 있는 점은 구체적인 세부 명칭 – 연철 발코니, 프랑스식 새 유리문, 유리돌로 이루어진 6층짜리 아파트, 대리석과 마호가니로 이루어진 현관로비, 흰색 벽과 옅은 오크 목재의 새 마루 – 을 사용함으로써 세련된 표현을 보는 우리가 직접 그것을 실제로 보는 듯한 느낌을 갖게 해준다는 것이다.

③ 《도요새에 관한 명상》
– 처음 부분 중
㉠ 그 뒤쪽 거대한 암청색 등판을 드러내고 있는 망망한 새벽 바다에는 파도가 없었다. 바다는 한 폭의 큰 명

주비단이었다. 수많은 잔주름이 미명의 빛 속에 자디잘게
쪼개졌다.

(스스로 적어보세요)
→

ⓛ 수평선은 상하로 쪼개지며 분명한 선을 그었고, 그
선을 중심으로 붉은 빛살이 장엄하게 살아나고 있었다.
바다의 어둠이 붉은 빛살을 빨아들인다면 하늘의 어둠은
그 빛살에 튀어 터지는 참이었다.

(스스로 적어보세요)
→

PART 3.

구조 패턴
커뮤니케이션의 실전

앞으로 제시될 구조 커뮤니케이션의 실제는 몇 가지 특징을 지닌다.

① 반전구조 (- → +, + → -, - → + → -)
② 의미부여 구조

주로 제시되는 대화 내용의 가장 큰 특징은 유머러스하고 다소 배경지식이 들어간 것도 포함되어 있다. 아울러 상대를 놀리면서 '들었다 놨다' 할 수 있는 것들도 있다. 그러나 무엇보다 중요한 것은 이런 차려진 밥상을 제대로 먹기 위해 부단히 '절차적 지식을 그 지식에 걸맞게 반복 실천'하는 것이다.

참고로 반전구조에서 '-'란 상대의 관점에서 부정적인 것으로 느껴질 만한 말이나 행동을 의미하고, '+'란 상대의 관점에서 긍정적인 것으로 느껴질 만한 말이나 행동을 의미한다. 그리고 대화상에서 '상대방의 반응을 보는 것'을 여기서는 대단히 강조하는데, 그 이유는 상대방의 반응을 보면서 대화를 진행해야 나가는 사례도 있고, 뿐만 아니라, 대화에 몰입해 대화를 내가 원하는 대로 이끌어나가는 데는 결국 나의 대화 전략 외에 '상대방의 반응양상'에 대한 나의 판단이 중요하기 때문이다.

아울러 크게 구조와 패턴을 제시하면서 간간히 팁이 될 만한 것들도 실었으니, 요긴하게 사용해보길 바란다. 물론 그런 팁을 본인 입맛에 맞게 변형시키거나 유사하게 바꿔서 사용해도 좋다.

한편, 패턴 커뮤니케이션의 경우,
① 구조적인 것에 기반을 두어 괄호 부분에 자신이 생각하는 말을 넣을 수 있는 것과

② 말이나 행동을 반복적으로 사용해서 유행어스럽게 만들 수 있는 것을 말한다.

1) 〈구조〉

	구조
나 : (눈을 힐끔거리듯 상대를 보면서)	부정적 행동
상 : 왜요?	
나 : 제가 마음에 드는 상대는 항상 실눈을 뜨며 보거든요. 한꺼번에 다 보면 스포당한 영화마냥 재미없어지잖아요.	긍정적 관심
상 : (웃음)	

2)

	구조
나 : (빤히 쳐다보면서)	일탈적 행동(-)
상 : 왜요? 제 얼굴에 뭐 묻었어요?	
나 : 아뇨. 저는 지금 감상중이에요.(태연하게) 화가의 자세로 꼼꼼하게 감상하고 있어요.(+) 적어도 모나리자는 아니더라도(-) 살아있는 실물이 더 낫네요.(+)	

3)

	구조
나 : (얼굴을 쳐다본 후 고개를 다른 쪽으로 돌리고 시선을 피하며)	부정적 행동 – 시선 회피(-)
상 : ??	

초반에 대화할 때 상대에게 웃음을 유발하면서 호감을 표현하는 방식이다. 1)의 경우 눈을 힐끔거리듯 상대를 보는 행위는 분명 초면이든 구면이든 상대에 대해 무례한 행동이다. 그럼에도 불구하고 처음에 이런 행동을 취한 까닭은 상대로 하여금 내 행동에 집중하도록 하는 '시각적 주의 효과'가 있다. 실제로 이 행동 뒤에 부정적인 반응이 따라 나오더라도 그 반응은 이미 예견된 반응이기에 그 다음 말을 하면 된다. 당연하게도 처음에 한 행동은 비록 그 행동 이전에 아무런 전제 정보가 없었기에 부정적으로 인식되었겠지만, 이후에는 전혀 그런 뜻이 없다고 말하는 '반전 구조'이기에 웃음을 유발하면서 동시에 초반에 상대가 나에게 좀 더 주목하게 된다.

2)도 그와 연장선상에서 마찬가지의 구조를 취하고 있다. 역시나 첫 행동은 '빤히 쳐다보기'인데 상대로 하여금 무례한 느낌이 들게끔 만든다. 하지만 1)에서와 다른 점이

있다면 두 번째 나의 말에서 '+ → - → +' 구조로 앞서보다 응용된 구조라는 점이다. 전체적으로 보면 '- → + → - → +' 구조이고 첨언하자면 이런 복합적인 반전 구조는 이후 '상대를 들었다 놨다' 하기에서 핵심적인 구조로 쓰이게 된다. 즉, '칭찬 → 안 칭찬(놀리기) → 칭찬 → 안 칭찬(놀리기)' 식의 구조는 '상대를 들었다 놨다' 하는 데 큰 도움을 준다.

3)에서는 역시 처음에 부정적인 행동으로 시작해서 이후에는 '+ → -' 구조로 마무리를 짓는다. 늘 그렇듯이 포인트는 괄호부분의 행동을 준수하는 적절한 제스처와 말을 동일 속도로 내뱉는 것이 아닌, '……' 부분에서는 잠시 일시중지(Pause)를 취하는 것이 중요하다. 'PART 2'에서도 말했지만 '……'의 부분은 '의도적 지연'에 해당하는데, 보통 상대를 놀리기 위해 반응을 체크하거나 말을 지연시킴으로써 놀리는 것이 자연스럽게 가능하게 되는 효과가 있다.

4) 〈구조〉

	구조
나 : 와! 그쪽 되게 눈이 예쁘시네요. 　　(상대 반응을 본 후) 특히 그 동공이 수 　　축·확대 되는 게 생물시간에 배운 것처럼, 　　모처럼 학습되고 좋네요.	+

　4)번은 '상대를 놀리기'에 해당한다. 전체적으로 '+ →
-'의 구조를 취하고 있다. 특히 여기서는 배경지식적인 것
이 포함되어 있다. 그런데 한 가지 말하자면, 일정부분 얕
은 수준에서의 배경지식이 사용되었는데(일반 대화에서 자
주 쓰이지 않는 용어), 간혹 혹자들은 이런 사용에 대해
의문을 품는다. 배경지식을 사용한 대화는 왠지 '범생이'
처럼 보인다든가, 잘난 척하는 듯한 인상을 준다든가, 괜
히 상대에게 어려운 말을 했을 경우 예의가 아니라고 생각
된다든가처럼 말이다. 이런 이유로 그들은 가급적 그런 말
들을 삼가는 경우가 많다. 그런데 말에도 '아! 다르고 어!
다르듯'이 배경지식적인 말도 어떠한 방식으로 표현하느냐
에 따라 적절하게 될 수도, 적절치 않게 될 수도 있다. 이처
럼 유머스러운 데 사용하는 경우도 있겠고, 특히 배경지식
적인 말이 상대가 좋아하는 것이라면 오히려 그런 말을 했

을 경우 플러스적인 요인이 될 수 있다. 이를 테면, 상대가 커피를 좋아한다고 가정해 보자. 그러면 어떠한 배경지식적인 말을 사용할 수 있을까?

　나 : 맥심커피 중에 수프리모라는 커피 알지? 거기 그려진 커피 따는 여성 있잖아? 뭔가 얼굴이 좀 이상하지 않아? 사실, 북부아프리카처럼 계통은 서양인과 유사하지만 얼굴색만 검을 뿐이야.

이어 에티오피아산 커피라고 말하면서 에티오피아가 아비시니아 고원에 위치해서 커피 수확하기가 좋은 곳이고, 더불어 고원에 위치한 나라였기에 라이베리아에 이어 유일하게 식민지가 안 된 나라라고 말하면 된다(참고로 동남아시아의 경우에도 유일하게 식민지가 안 된 나라는 타이, 즉 태국이다. 그리고 추가적으로 커피와 관련해 말하면, 놀랍게도 태국 인근 나라인 베트남이 2012년 기준 커피 수출 세계 2위이다. 이것에 대해서 추가적으로 말하면 더 좋을 것 같다).
아울러 4)번의 놀리기의 핵심은 상대를 놀리는 데 주안점을 둔 것으로, 실제로 상대가 동공이 수축되었든 안 되었든 그것은 중요하지 않다. 상대를 뚫어지게 쳐다보거나 아주 가까운 키스 거리에서 보지 않는 이상은 파악하기가 어렵기 때문이다. 단지 그런 말은 놀리기 위한 적절한 소재로 사용된 것이며, 특히 이것은 상대가 나에게 호감이 있다면 그 여부를 확인하는 데 요긴하게 쓰일 수 있다. 주지하다시피 보통 여성이 자신의 마음에 드는 남성을 보았을 때 동공이 커지게 되고, 이는 흥분상태를 의미하기 때문이다. 결국 우리는 놀리기 위해서 한 말이지만 상대가 나에게 호감이 있는지 여부를 확인하는 찔러보기가 될 수도 있다.

5) 〈패턴〉

나 : (대화중에 뜬금없이 눈을 돌리면서 눈 운동을 한다)

상 : 갑자기 대화하다 뭐하세요?

나 : 아! 지금, 눈 운동하고 있어요. 그쪽 너무 오랫동안 쳐다봐서 눈이 침침해져서요.

상 : 아! ㅋㅋ

진짜 죽음이야!
ㅋㅋ
맞아… 저게 그의 특징, 매력이야!

5)번은 가볍게 빵 터지는 것에 해당한다. 분위기 전환용으로도 요긴하게 쓰일 수 있다. 상대와 대화하다가 약간의 분위기 반전을 꾀하거나 다른 화제로 넘어가고 싶을 때, 아니면 더 이상의 대화 진행이 약간 어렵다고 판단될 때 사용해서 약간 분위기를 부드럽게 한 후 다른 대화를 모색해 보는 시간을 버는 데 사용하도록 한다.

6) 〈패턴〉

나 : (오른손 혹은 왼손을 들어서 편 후 목에다 대고 자르는 시늉으로) 진짜 죽음이야(이후에는 이 제스처와 말이 학습되었기 때문에 제스처만 취해도 됨).

6)번에서 이 행동의 효과는 반복성에 따른 유행어스러운 효과이다. 보통 세번 이상을 행동한다고 할 때, 그때부터 상대는 내가 반복적으로 행동하기 때문에 자연스럽게 그런 모습이 각인이 돼, 이 사람만의 고유한 행동으로 인지하게 된다. 결국 이런 점은 일종의 자연스러운 호감 형성에 기여하게 되고, 청각적인 부분(진짜 죽음이야)과 시각적인 부분(목에다 대고 자르는 시늉)이 결합돼 나에 대한 인상

이 깊이 각인될 수 있다.

7) 〈패턴〉

7)번은 상대가 나를 약 올리거나 불쾌감을 줄 때 할 수 있는 방법이다. 아무래도 직접적으로 상대에게 나의 불쾌감을 표현하는 것은 실례가 되거나 상대와의 관계 진행이 원만하게 되지 못할 수도 있다. 그래서 이런 표현이 아닌 상대를 다른 대상으로 전환해서 말하는 전략을 취하고, 특히 유머러스하게 말하면 오히려 센스 있다는 느낌을 전해 줄 수 있다. 여기서 특기할 만한 점은 비록 상대가 약 올렸거나 불쾌감을 주었지만 이런 것은 내게 있어 '짜증나는 것'이 아니라고 생각하는 것이다. 정말 대놓고 나를 무

안 주는 경우를 제외하면 상대 또한 내게 호감이 있기 때문에 날 약을 올린 것이고, 또 이런 모습은 대화에 더 적극적으로 참여하려는 행위로 볼 수 있으며, 따라서 우리는 그렇게 받아들이는 것이 중요하다. 뿐만 아니라 상대가 나에게 (–)적으로 말을 했다면 이에 대한 응답을 – 보통 사람이 하는 방식처럼 – 단순히 불쾌감 표시가 아니라 이 또한 나에게 있어 하나의 호감 형태의 표현의 기회라 인식하고 위와 같은 방식으로 응답할 경우, 오히려 상대는 내가 보통내기가 아니라고 느낄 것이다.

7)번에서는 아끼는 물건을 폰으로 했지만 사실 내가 현장에서 갖고 있는 어느 것이라도 다 좋다. 흔하디흔한 볼펜에 "친분 있는 은사님이 주셨다"라고 '의미부여'하거나 쉽게 구할 수 있는 노트장에, 평소에 오빠에게 예절이라고는 눈곱만큼도 없는 늦둥이 여동생이 생일날 편지와 함께 정성스럽게 준 선물이라고 '의미부여'를 하면, 단순하지만 내게 있어 소중한 물건임을 상대가 알게 될 것이다.

8) 〈패턴〉
나 : (엄지와 검지로 미간을 잡으며) 아! 진짜 너 문제가

8)번은 7)번처럼 상대가 나를 약 올릴 때 할 수 있는 방식이다. 7)번이 부담된다면 8)번을 해도 상관없다. 앞서처럼 상대가 나를 약 올렸을 때 고개를 약간 숙이고 엄지와 검지로 미간을 잡으며 너의 문제가 뭔지 아냐고 말한다면 대부분 약간 웃으면서 뭐냐고 궁금해 한다. 이때, "아냐!"라고 말한다면 상대는 궁금해 하면서 뜬금없이 웃게 된다. 그런데 너무 진지하게 말을 하면 상대가 내가 삐진 줄 알고 착각할 수 있다. 따라서 이 말들을 할 때는 나도 약간 웃으면서 말하는 것이 좋다. 좀 더 나아가자면 이 방식은 뜬금없이 상대를 놀리는 나만의 유행어스러운 것이 될 수 있다. 이 또한 독특한 제스처와 말이기 때문에 반복적으로 하면 은근히 중독된다. 그랬을 경우 호감이 있는 상대라면 나의 방식을 따라하며 말하기도 한다. 그럴 때는 "너 따라쟁이네. 외국 거 막 베끼는 우리나라 대기업 같애"라

고 놀려라.

9) 〈정보통제이론의 사례〉

나 : 궁금해? (반응을 본 후) 그러면 3분 뒤에 얘기해
줄게. 그런데 만약 이런 식으로 응답한다면?
상 : 지금 말하나 나중에 말하나 뭐가 차이가 있는데?
그러면 이렇게 말하라.
나 : 너 그럼, 그냥 월급이 좋아, 아니면 며칠 뒤에 이자
까지 얹어서 주는 게 좋아?

(단순히 처음보다 나중이 더 유리한 사례에 대해 말하
면 된다. 논리가 성립이 안 되더라도 보통 이성과의 대화에
서 말싸움이 아닌 이상 비논리적이라도 상관없다. 글을 눈
으로 읽고 나서 비논리적이라 판단되면 뭔가 찝찝한 마음
이 들지만, 귀로 들었을 때는 일단 비논리적이라 하더라도
대화중에는 거부반응이 덜 하고 또 대화 상황 속에서 그
부분이 전체를 놓고 보았을 때 그렇게 중요한 게 아니므로
그냥 넘어갈 가능성이 크다. 즉, 상대가 고의로 태클 거는
게 아니면 괜찮다는 말이다.)

POM

10. 〈패턴〉

나 : 웃긴 얘기해 줄게. 만약 못 웃기면……. 네 거까지
　　 내가 웃을게. ㅋㅋㅋ

10)번은 '뜬금 포' 같은 말을 사용해 뜬금없이 빵 터지
게 하는 것이다. 약간 어이없는 발상의 말이긴 하나, 상관
없다. 그리고는 실제로 허무개그나 재미없는 헛소리를 한
후 크게 웃어라. 그리고는,

나 : 네 거까지 웃느라고, 내 정신 요단강 건널 뻔했어. ㅋㅋ

식으로 마무리하라.

11) 〈패턴〉

나 : ××야, 내기해 볼래? 물론 네가 이긴다면 곧 문명의
　　 종말이겠지만 내가 이긴다면 곧 진실의 승리가 될
　　 테니까.

11)번에서는 뜬금포식으로 내기를 통해 소원 이루기 방식을 보여주고 있다. 보통 게임은 2명이서 할 수 있는 가벼운 게임을 하도록 한다. 예를 들면 눈 깜빡하면 지는 게임 같은 것 말이다. 만약 내기해서 이긴다면 소원을 건다고 했을 때는, 자기가 원하는 소원을 성취하고 싶다면 이런 전략을 시도해보라. '큰 것에서 작은 것으로 전략.' 즉, 소원으로 거의 불가능한 소원을 상대에게 제시하면서 요구하면, 당연히 상대는 대단히 난처해한다. 하지만 그런 반응을 보고난 후, 다시금 그보다 작은 소원(이때는 자기가 원하는 소원이 작은 것이고, 큰 소원은 그것보다 더 큰 소원을 말한다), 자기가 원하는 소원을 말했을 경우, 대부분 들어줄 수밖에 없다. 물론 처음에 큰 소원을 얘기할 때는 진지하게 말할 경우, 상대는 정말 저 남자가 저런 소원을 원하고 있는 것은 아닐까 생각하게 되고, 이것은 그 이후의 작은 소원에 영향을 적지 않게 미칠 수밖에 없다.

12) 〈구조〉

나 : 근데, 그럼에도 불구하고 넌 되게 똑똑한 면이 있

12)번은 '상대를 놀리기'이다. 상대와 대화하며 무식하다고 몰아간 후 위의 말을 하면 된다. 전체적으로 '+ → − → +'의 구조를 취하고 있다(앞서 상대를 무식하다고 몰아갔다면 거시적인 구조는 '− → + → − → +'가 될 것이다). 역시나 '들었다 놨다'의 전형적인 진행 형태를 보여주고 있다(똑똑하다 → 원시부족보다는 낫다(무시) → 똑똑하다). 조롱당하는 듯해 보이지만, 한편으로는 조련당하는 느낌을 받을 수도 있다. '들었다 놨다' 구조의 힘이 바로 이런 것이다. 물론 노파심에서 말하지만 진지하게 말을 하면, 진심으로 내가 그런 말을 하는 줄 알기 때문에 이 점을 조심하도록 하자.

13) 〈패턴〉

13)번은 대화가 어느 정도 무르익었을 상황에서 상대방이 나를 놀릴 때 혹은 내가 놀리고 싶을 때 할 수 있는 패턴이다. 물론 상대와 호감이 형성되어 있지 않은 상황에서 말하는 것은 금물이다. 오히려 상대에게서 역반응이 나와 대화가 영영 끝나버릴 수도 있다. 약간 유머러스하게 "그게 너의 미래야"라고 마무리함으로써 상대는 열 받으면서도 보다 더 대화에 참여하게 된다. 그 이유는 자신을 열 받게 했기 때문에 그에 대한 심리적 보상을 얻기 위해서 그 상황에 더 몰입할 수밖에 없기 때문이다. 그 다음부터 이것을 사용할 때는 위의 방식을 재사용해도 되고,

나 : 자꾸 그러면 눈 감으라고 할 거야. 혹은
나 : 눈 감아 볼래? ㅋㅋ

정말요?
나도 그거 해 봤는데…
꺄~
전폭 지지!
공감!
오…
척척 맞는
이 감각…
신나!!

라고 생략적으로 얘기해라. 전형적인 유행어 구조에 해당하므로 이후에는 전체보다는 핵심부분만 언급해도 상관없다.

14) 〈패턴〉

나 : (상대가 뭐했다고 말하면) 어? 나도 그거 한 적이 있는데, 그러니까 (상대가 한 말) 이라고 하셨죠?

14)번은 일단 대화를 진행하기가 힘든 상황에서, 상대가 자신의 이야기를 했을 때 부드럽게 응대할 수 있는 패턴이다. 상대의 말, 예컨대 자신이 2주 전에 친구들과 을왕리에 가서 조개구이를 먹었다고 말했을 때 단순하게 "아주 재미있었겠네요"라고 말하면 더 이상의 대화는 진전되기 힘들고, "을왕리는 어떤 점이 좋았어요?"라고 물으면 상황상 뭔가 심문하는 느낌이 들기에 좋지가 않다. 대신,

나 : 어? 나도 그거 한 적이 있는데, 그러니까 을왕리에 가서 조개구이 먹었다고 했죠?

라고 일단 내가 한 적이 있든 없든 "나도 그거 한 적이 있는데"라고 전제를 깔고 나서 뒤의 말을 한다면 보통의 상대라면 내게 "××씨도 가보셨나 봐요?"라고 묻게 된다. 이때 그렇다고 말을 하면 어느 정도 둘 간의 공유감이 형성될 수 있고, 그동안 어색했던 대화가 해소될 수 있다. 물론 상대 또한 대부분 구체적으로 심문하듯이 '정말 갔다 왔냐, 한 번 말해 봐라' 이런 식으로 말하는 경우는 거의 없다. 내가 태연하게 정말 그 경험을 한 것처럼 말을 했는데 안 믿을 리가 없기 때문이다. 물론 반복적으로 사용한다면 의심을 할 수도 있다. 하지만 위기감을 겪더라도 당황하지는 마라. '꼬리 자르기 전법'이 있다. 즉, 이전의 것은 내가 경험한 것이고, 이번의 것만 그렇지 않다고 말해버리면 그만이다. 17)번의 사례에 제시된 것처럼,

> 나 : (태연하게) 자, 여기 순수 100% '참이슬'이 앞에 있어. 이 순수 100% 참이슬 앞에서 맹세하건데 이번 것만 거짓이야. ㅋㅋㅋㅋ

라고 능구렁이처럼 말하고 넘어가버려라. 의심의 눈초

리로 보았던 상대라도, 빵 터지면서 웃고 넘어가버릴 것
이다.

15) 〈구조〉

구조의 본질 : 아무리 사소하고 단순한 것이라도 의미
　　　　　　부여(부연설명)의 전제가 제시되면 의미 있
　　　　　　는 것으로 변모한다.

예)

나 : (단순하게) 대학원 다녀요.

↓

나 : 비록 학부과정과 다른 과이지만 제가 앞으로 되고
　　　싶은 것이 생겨서 좀 더 흥미 있게 연구해 보려고
　　　대학원에 다녀요.

(당연히 구체적으로 말하지 않았기 때문에 추가적인 질
문이 나올 수밖에 없다. 가령 "뭐가 되고 싶으신데요?"
혹은 "전공과가 뭐에요?" 하지만 당연히 여기에 그냥 대답
하는 것은 No! 정보통제이론에 따라 일단 나의 답변은 여

기서 잠시 유보하고 상대방에게로 초점을 맞추어서 '과가 무엇인지, 무슨 흥미가 있는지'를 물어라. 일단 내가 '의미 있게 말했기' 때문에 상대방이 만약 '의미 있는 말'을 하지 않을 경우, 상대는 심리적으로 위축된 느낌을 받을 수가 있고, 또 의미 있는 말을 했더라도 내 입장에서는 심리적으로 상대와 동등해져 있기에 결국 상대가 어느 쪽으로 말하든 간에 나에게 있어서는 문제될 것이 없다. 참고로 여기서 '심리적으로 위축된 느낌'이란 내가 의미 있는 말을 했을 때 상대가 나에 대한 일종의 경외감을 느꼈다고 할 때이다. 하지만 상대방은 만약 자신이 한 말이 의미 있는 말이 아니라고 판단되었을 때 이 양자 비교의 차이로 인해 상대적으로 위축된 자기 자신을 무의식적으로 발견하게 되는 것을 뜻한다.)

실전 예 스스로 적어보기

16) 15)번의 발전된 구조

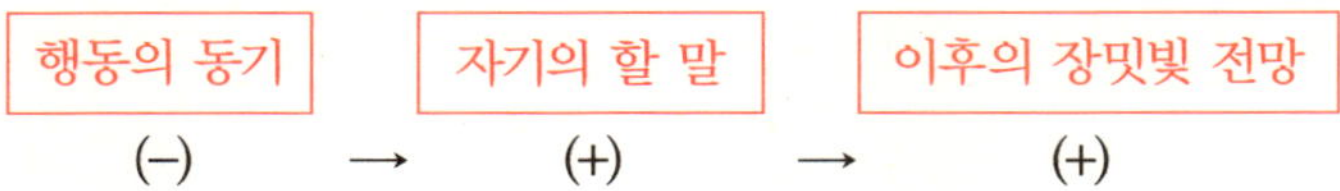

지금 대학원 다니고 있어요. 비록 학부과정과 다른 과를 선택해서 다니고 있지만 뭐랄까 휴학을 하면서 저 자신을 돌아보게 되었죠. 이대로 그냥 졸업해서 의미 없이 취업하고 결혼하는 것이 내 인생의 전부일까? 하지만 인간은 본디 유의미한 존재로서 소중한 인생을	행동의 동기
이대로 허투루 쓸 수 없기에 고군분투하며 내가 원하는 게 뭔지 찾으려고 노력했었죠. 결국 제가 원하고 있던 것이 무엇인지 알게 되었고 그래서 심화적으로 알기 위해 대학원을 선택하게 되었어요.	자기의 할 말
아마 대학원에서 제가 원하는 능력을 갖춘 후 한 번 그 일을 해서 제가 원하는 삶을 의미 있게 현실화시켜 보려구요.	이후의 장밋빛 전망

17) 〈패턴〉

나 : 자, 여기 순수 100% 참이슬이 앞에 있어. 이 참이슬 앞에 맹세하건데, 난 절대로…….

17)번은 유머스럽게 맹세하는 방식이다. 앞서 16)번의 상황에서처럼 상대가 나의 말을 의심할 때 이와 같은 식으로 맹세함으로써 유머스럽게 위기를 모면할 수 있다. 물론 그런 위기가 없을 지라도 여러 상황에서 응용해서 사용할 수 있다.

요~~물!
날 들엇다, 놨다
들엇다, 놨다...
요오오물!
흥..흥

그..대사는
남자가
쳐야...

효과
잇네...

18) 〈구조〉

나 : 난 뇌와 인지에 대해서 매우 관심이 많아. 하지만 그 사례를 보여주고 싶어도 네가 감정이 상할까봐 차마 하지 못하겠어.

상 : 아니 괜찮아. 해봐.

나 : 잘 들어봐. 예를 들어……. 넌 눈이 이상해. 넌 코가 이상해. 넌 손이 이상해. 오늘 너 옷이 이상해. 그냥 너 이상해. (반응보기)

상 : ㅋㅋㅋ 뭐? 혹은 약간 뾰로통한 반응.

나 : 지금 약간 화가 치밀어 오르지? 사실 이런 분노는 뇌의 그 전두엽과 아미그달라(Amygdala) 사이의 관계에서 삭혀져. 그러니까 아까처럼 화가 나면 전두엽이 아미그달라에게 그만 화 풀라고 신호를 보내거든.

나 : 그리고 (상대를 보며) 분노는 우둔한 사람을 재치 있게 만들지만 초라하게 만들기도 한다고 베이컨이 말했어. 그러니까, 너무 분노하지 마. 초라해 보이니까. ㅋㅋㅋ

18)번은 '상대 놀리기'에 해당한다. 전체적인 구조는 '배경지식 + 주의집중(궁금증유발) → — → 배경지식 설명 → —'로서 '들었다 놨다' 구조이다. 이 구조는 배경지식적 말을 하며 상대의 주의를 집중시킨 후(말하고 싶지만 감정이 상할까봐 말을 못하겠다 : 궁금증을 유발시키기 때문에 주의집중을 안 할 수가 없다) 약간 태연하게 (−)적인 말을 한 후 다시 배경지식적인 말을 하면서 (−)가 원래 의도가 아니었음을 주지시킨다. 그리고 난 후 다시 배경지식적인 말을 하면서 추가로 상대를 놀린다.

19) 〈Tip〉

나 : 단테의 《신곡》에 '지옥편'을 보면, 지옥문 위에 이런 글귀가 써져 있대. '이곳에 들어서는 순간 희망을 버릴지어다.' 이 말은 희망이 없는 사람이 살아가는 것이 지옥이라는 건데, 결국 사실 지옥은 따로 있는 게 아니야. 네가 정말 생각하고 만들어 내기에 달렸어.

19)번의 경우 대화에서 내가 의미 있는 말을 해서 상대가 심리적으로 위축되었거나 대화상에서 내가 상대가 하고 있는 유의미한 일이나 노력이 무의미하다고 느끼도록 유도했을 때 쓰인다. 배경지식적인 말을 하면서 심리적으로 (−) 상태인 상대를 (+) 상태로 바꾸는 게 핵심이다. 물론 (−)에서 (+) 상태로 바꾸는 데 배경지식적인 말을 함으로써 상대가 위로감을 느끼게 되고, 추가적으로 상대가 '그동안 유머러스하게, 다소 가볍게 행동하며 대화했지만, 이 사람이 외국 문학작품도 읽고 있는 만큼 가볍지만은 않은 사람'으로 생각할 것이다.

20) 〈Tip〉 – 〈유머 사용법〉

[유머 1]

차를 몰고 왔는데, 음주운전으로 걸릴까봐 대리운전을 불렀대. 근데 웃긴 건 대리운전 기사도 술을 마셔서 결국 음주운전으로 불구속 입건됐대. 이 상황을 뭐라고 하게?

"대리운전 불렀더니 흑기사가 왔네."

생개형 도둑질…
형편이 어려워 저지른… 오로지 개를 위한… 생계형…
우유… 200 개나…
아무튼… 그 먹기싫은 우유… 안먹게 됐군!

애완견을 끔찍이 아끼는 중년의 남자가 있었는데, 매일 인근 아파트를 돌며 우유를 훔쳤대. 무려 200개나 훔쳤는데 결국 꼬리가 밟혀 붙잡혔어. 이 상황을 뭐라고 하게?

"개 같은 사람 또는 생계형 도둑이 아닌 '생개형' 도둑."

20)번에 제시된 유머 두 가지는 사실 신문기사 사회면에 게재되었던 기사들이다. 이를 제시한 까닭은 유머를 스스로 창작하고자 할 때, 특히 생활밀착적인 유머를 스스로 생산해내고 싶을 때 참고하면 좋은 사례이기 때문이다.

두 가지 사건은 되게 엽기적이면서 흥미롭다.

첫 번째 사건은 상황 자체가 우습다. 술 취해서 대리운전 기사를 불렀는데 술 마시면 안 되는 대리운전 기사가 술을 마신 상태에서 결국 경찰에게 적발돼 불구속 입건되었다.

두 번째 상황도 웃기다. 진짜 유머리스트가 지어낸 이야기일까 싶을 정도로 상황이 그야말로 '개 같다.' 자신이 키

우는 개에게 우유를 주기 위해 우유를 훔친, 그것도 10대나 20대가 아닌 중년의 남자(참고로 개에게 우유를 주면 안 된다. 그분은 모르고 했겠지만 개에게는 우유를 분해하는 효소가 없다). 그 남자가 무려 200개씩이나 우유를 훔치고 끝내 적발된 사건. 이런 상황을 읽고 나서 우리가 답에 제시된 것처럼 생각해 내도록 연구해 내면, 초보자로서 요긴하게 학습할 수 있는 좋은 소재가 된다. 왜냐하면 비록 스토리는 내가 만들지 않았지만 유머의 가장 핵심인 '답 부분'을 스스로 창작해 냈기 때문이다. 또한 이처럼 실제 사건을 바탕으로 한 유머일수록 의도적으로 창작해 낸 것보다 상대가 더 호소력 있는 유머로 받아들이게 된다.

21) 〈구조〉

나 : 사실 사르트르는, 현존은 본질에 우선한다고 했지만 인간의 입장에서는 본능이 이성에 우선한다고 생각돼요. 제가 봤을 때 쭉 팔짱을 자주 끼시는 것 같은데……. 오랫동안 애인이 없어서 애정결핍, 그러니까 애인이 팔짱을 끼워주지 않아서 본능이 그쪽에게 팔짱 끼워주려고 하나 봐요. ㅋㅋㅋ

21)번은 대화를 하는데 계속 팔짱끼는 버릇을 지닌 상대를 놀릴 때 사용하는 말이다(그런 버릇이 없더라도 그런 모습을 보게 되었을 때, 사용해도 상관없다). 전체적으로 '배경지식 제시 → 상대의 (-)적인 모습 → -'의 구조이다. 만약 상대가 무례하게 팔짱을 꼈을 때, 놀리면서 유머러스하게 무안을 줄 수 있고, 단순한 습관이었다면 상대를 놀리는 요소로 안성맞춤이다. 보통 놀리는 요소는 이처럼 상대의 습관을 유심히 관찰함으로써 찾을 수 있다. 즉, 미리 준비된 소재로서 내가 미리 상대를 놀리기 위해 준비하는 것도 있지만, 상대를 관찰함으로써 놀리는 소재를 찾는 것도 '상대 놀리기'의 좋은 방식이다. 특히 전자보다는 후자가 인위적인 느낌이 덜 하고, 그만큼 신경 써서 찾아야 하기 때문에 더 높은 수준의 방식이라 할 수 있다.

22) ⟨Tip⟩

나 : 그런 사람과는 절대, never, ever, naver 상종하지 않죠. 까마귀 우는 곳에 백로가 어떻게 함부로 가겠어요?

22)번의 경우 '라임을 넣어 말하기'에 해당한다. 라임을 넣어서 말하면 대화가 생동감을 띠게 되고, 특히 뜬금없이 상대가 빵 터지게 되는 기능을 한다. 예로 든 상황은 상대가 혹시 이상한 친구랑 어울리는 것 아니냐고 의심하거나 물을 때이다. 이때 위처럼 라임을 넣어 말함으로써 자신은 그런 사람들과 어울리지 않는다고 강조하면서 그 말을 들은 상대를 뜬금없이 빵 터지게 해, 상대가 자연스럽게 그 말을 믿을 뿐만 아니라 설령 100% 믿지 않더라도 그냥 문제시하지 않고 넘어가버리게 된다. 위의 팁을 참고삼아 본인만의 라임을 꼭 만들어 보길 바란다.

23) 〈Tip〉

상 : 근데 군대 갔다 왔어?

나 : 음……. 그건 왜?

상 : 왜긴……. 궁금해서.

나 : 음……. 그렇구나. 설마……. 너, 갔다 왔어?

상 : 뭐? ㅋㅋㅋ

23)번은 뜸들이면서 상대를 놀리는 방식이다. 은근하게 상대에게 잘 통하면, 이대로 대화상에서 밀고 나가면 상대방에게서 거의 속 터지는 반응이 나온다. 계속 뜸들이면서 말하기 때문이다. 그럴 때는 원래대로 다시 돌아와서 책에서 제시한 것들로 말하면서 또 다시 상대방을 놀리면 된다.

그런데 은근히 군대 갔다 왔냐고 되물을 때 마음이 상하는 상대도 있었다. 그 경우에는 보상효과로,

나 : 요즘 여자들 막 장교로 군대 입대하는 사람 많잖아. 경쟁률도 세다고 들었는데. 그래서 그 중 한 명이 네가 아닐까 하는 생각이 들었어

라고 말하고 넘어가버리면 되고, 여기서 더 말하고 싶다면 추가적으로,

나 : 그러고 보니까……. 너 TV에서 훈련하는 거 본 거 같애

라고 말하면 된다.

24) 〈패턴〉

24)번의 경우, 상대와 대화하면서 내가 무엇을 물어볼 때, 후속타로 말하거나 상대가 뭔가 답변하려고 할 때, 마치 내가 그녀가 말하는 것을 허락해주는 것처럼 말할 때 사용한다. 어떻게 보면 다소 당돌할 수도 있는 말이긴 하나, '뜸들이기' 대화 방식을 결부시켜 말하면, 예를 들어 위에 제시된 '질문거리 묻기 → 뜸들이기 방식의 말'의 구조로 말하면 (내가 떨거나 하지 않는다면) 상대는 묘한 분위기를 느끼게 될 것이다. 뭔가 윗사람이 아랫사람에게 질문하는 듯한 느낌을 받게 돼, 순간적으로 압도당하는 듯한 느낌을 받을 것이다. 특히 연하인 내가 연상인 그녀에

게 말을 할 때 전체적으로 분위기를 잘 끌고 왔을 때 위
와 같은 방식의 말을 한다면, 그녀가 가지고 있는 연하 남
에 대한 선입견은 어느 정도 중화될 것이다.

25) 〈패턴〉

나 : 제 취미가 바리스타거든요. 언제 한 번 ××도서관
　　에 와요. 책도 읽으면서 수제 커피 타 드릴게요.

상 : 예? 거기서 알바하시나 봐요?

나 : 음……. 그렇다고 볼 수는 없고요. 자판기 커피 타
　　서 프리마 듬뿍 넣으면 수제커피가 되는 거죠. 마무
　　리는……. 제가 하니깐. ㅋㅋ(이 부분은 약간 유머러
　　스하게 해도 된다.)

25)번의 경우에는 내가 이미 결과를 예상하고 만들어
놓은 패턴에 해당한다. 즉, 첫 번째 말과 두 번째 말은 내
가 이미 결과를 예상하고 만들어 놓은 패턴에 해당하고,
특히 두 번째 말은 '뜸들이며 말하기' 요소를 내포하고 있
다. 내가 이미 결과를 예상하고 만들어 놓았기 때문에 어
느 정도 안정적으로 말하기 쉽다는 장점이 있고, 이후에는

'음……. 그렇다고 볼 수 없고요' 혹은 '음……. 그렇다고 볼 수는 없지' 등처럼 따로 떼어내어서 반복적으로 말하면 '나만의 유행어'로 될 수도 있다.

26) 〈구조 + 응용〉

물론 방귀를 좋아하…… (놀리듯 반응보고)지 않겠지만 사실 사람들은 그걸 모르는 것 같아요. 비록 장미와 방귀가 극단적으로 다르긴 하지만 사실 모두에 인돌(Indole)과 스카톨(Skatole)이라는 물질이 똑같이 들어있거든요.

26)번은 '응용된 상대 놀리기'이다. 전체적으로 '배경지식 → 의도적 시간 지연을 통한 놀리기 → 배경지식'이다. 물론 이때 배경지식은 직접적으로 상대에게 해당되는 것은 아니고, 나의 배경지식을 가볍게 드러내면서 상대를 놀리

는 데 주안점이 있다. 물론 진짜 그녀가 방귀를 꼈다면 이 말들은 시의적절한 말이 된다. 그리고 여기서 '좋아하……(반응보고)지 않겠지만'의 경우 '정보통제이론'에 근거하자면, 의도적 시간 지연에 해당하고, 생략 '……'은 포즈(Pause) 기간인데, 이는 이런 생략에 상대방의 자연스런 해석이 개입되므로 일종의 고차원적인 놀리기 형태라 할 수 있다.

27) 〈Tip〉

초반에 상대와 좀 더 맛깔난 대화를 하기 위해 조미료 치는 의미로 사용하면 좋다. 진지하게만 말하지 않는다면, 상대도 빵 터질 것이다. 그렇게 말한 후에, '반전효과'로 진지하게 이상형이 어떻게 된다고 말하면 된다.

학습심리학에서 대표적인 것은 고전적 조건형성이다. 러시아의 생리학자 파블로프가 자신의 실험에 대해 설명한 개념으로 무조건 자극과 조건 자극이 결합해 이후에는 조건 자극만 제시하더라도 원하는 반응을 이끌어 내는 것을 뜻한다.

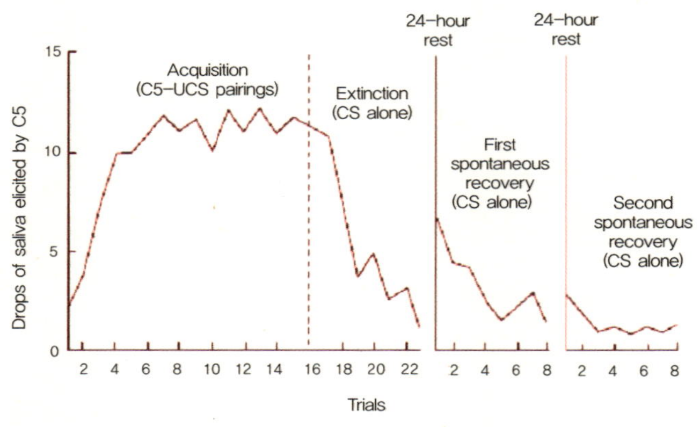

이와 관련한 그래프를 보면,

위 그래프[2]

---

2) 출처 : http://www.education.com/study-help/article/classical-conditioning1/에서 인용

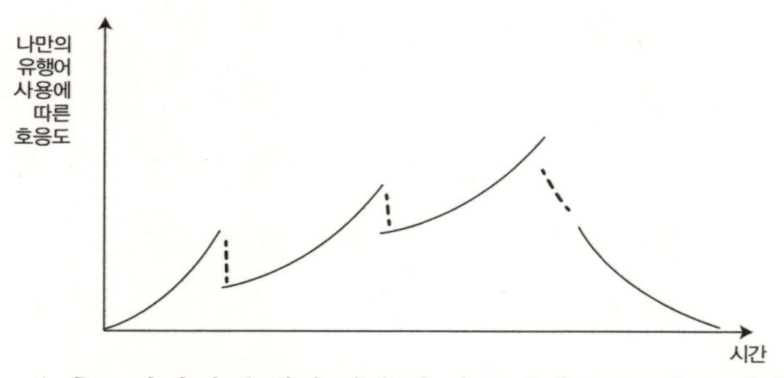

(y축 : 나만의 유행어 사용에 따른 호응도, x축 : 시간)

　　대충 이런 그래프를 띠는데 처음에는 서로가 대화하기 전이므로 0에서 시작하지만 내가 나만의 유행어를 사용하고 반응이 좋으면, 이후에 다시 사용했을 때는 0에서 시작하는 것이 아니라 끝부분에서 약간 떨어진 곳에서 다시 시작되고 계속 반복적으로 사용하면서 반응이 점점 더 좋아진다.

고전적 조건 자극의 그래프와 다른 점은 이 그래프의 경우 사람 대 사람의 역동적인 관계로서, 서로가 호감을 느낀다면 '나만의 유행어' 사용을 지겨워지는 '일정 시점'까지 사용하기 전까지는 증가한다는 점이다. 결국 어느 순간에 너무 많이 반복해서 상대가 싫증을 느낀다면 이제는 나만의 유행어 사용에 따른 호응도가 내려가 결국 하나의 유행어는 생을 마친다. 물론 특기한 점은 이런 유행어의 경우 한 번 생을 마치면 아예 역사의 뒤안길에 사장되어 버리는 것이 아니라 어느 정도 시간이 지나서 다시 사용하면 다시 위와 같은 그래프가 반복될 수 있다는 것이다.

PART 4.

단상과
생각해 볼 거리들

우리들의 자아 정체성 형성에 대한 단상

개인적으로 정체성 형성은 본디 편안하고 안락한 상황에서 나온다고 생각되지 않는다. 대부분의 10대, 20대들은 스스로 자신이 누구인지 잘 모르고 있다.

하이데거는 현존재인 인간은 본디 자신의 존재에 대해 의문을 던지고 언제나 자신의 존재가능성에 대해서 염려하는 실존적인 존재라고 했다. 그의 이런 말은 우리에게 자아정체성에 대한 고민을 시도해볼 것을 넌지시 전한다는 점에서 현재에도 어김없이 통하고 있는 말인 것 같다. 한편으로 우리 스스로에 대해서 그런 질문을 던지지 않는 이유는 어쩌면 그만큼 사회가 예전에 비해 나아졌기 때문은 아닐까 생각해 볼 수도 있다. 가령 우리가 고려시대 만

이제 ─
저에 대해
다…
아셨죠?

아…
정말, 난
누굴까?

적이었다면, 그래서 노비로서의 신분의 한계를 자각했다면 나 자신은 누구인지, 지금 나는 어떻게 살아가고 있는지, 어떻게 살아야 하는지 의문을 던져보지 않았을까? 우리가 만약 입센의 인형의 집에 등장하는 노라였다면, 그래서 여성으로서의 억압된 정체성을 자각했다면 그 같은 질문을 던지지 않았을까? 신 중심 사회의 중세시대를 갓 벗어난 지난 세기 인간들이 스스로에 대해 자각하고 자신만의 삶을 살 것이라는 그런 감정을 요즘에는 사람들이 느껴볼 수 있을까.

그럼에도 불구하고 사회적으로 준제도적인 차원에서 보면, 특히 우리 20대에게 자아정체성을 고민해보도록 강권하고 있다. 즉, 우리가 원하는 회사에 들어가기 위해서는 입사 지원서를 작성해야 하는데, 이때 자신의 자아 정체성에 대해 탐구해 볼 수 있는 질문들(성장배경, 자신의 장점과 단점, 대인관계, 성격 등)을 반 강제적으로 기입해야 한다. 물론 이후 면접에서는 마찬가지로 끊임없이 자신의 자아정체성 탐색의 과정을 겪는다.

그런데 회사가 왜 지원자의 자아정체성과 관련한 질문에 관심을 갖는 것일까? 아마 '수신제가치국평천하'에서 '수

신'이 제대로 갖추어졌는지 확인하고자 위함이 아닐까? 그래서 만약 '수신'이 잘 갖추어졌다면 자사의 역량 있는 인재라 가늠해 볼 수 있고, 미래 성장 동력으로서 잘 행동할 수 있다고 판단한 것은 아닐까? 이처럼 영리 추구를 극대화하는 기업에 의해 자아 정체성 탐구라는 사회화를 거치는 지금의 시대는 어떻게 보면 안타깝지 않을 수 없다(물론 기업 취직뿐만 아니라 다른 루트를 통해 그 과정이 나타나지만 가장 큰 비중을 차지하는 건 아무래도 아직까지는 기업 취직 지원을 통해서이다).

추가로, 이처럼 자아정체성이 올바로 그리고 정확히 형성되어 있지 않은 20대 초반에 고시, 특히 판사에 합격한 것을 두고 마냥 그런 현상을 반가워할 수 있을까? 혹자는 조선시대처럼 어린 나이의 인재가 과거에 합격해 오늘날처럼 고시 합격한 공무원이 된 것을 두고 앞서 질문에 대해 비판할 수도 있다. 하지만 무엇보다 그 사회 시스템은 이미 정형화되어 있고, 그 시대 사람들은 어린 시절부터 바람직한 인간상을 교육받으며 그렇게 사회가 원하는 대로 한눈팔지 않고 나아가면 그만이었다. 다시 말해서 정형화된 시스템 속에서 요구하는 인간상만 갖추었으면 나이가 어리더라도 문제가 되지 않았던 것이다.

　이런 애기를 차치하더라도 가장 큰 차이점은 조선시대의 수험생은 인문학적 토대 위에 올바른 철학적 사유가 충분히 갖춰진 상태, 즉 인식적인 측면에서 깨어 있는 상태였다. 반면에 오늘날의 10대, 20대들은 그렇지가 못하다. 하물며 사회적 경험 없이 대학 재학 중에 바로 판사가 되는 사람이 과연 올바른 법적 판단을 할 수 있을까? 판사는 단순히 기계적으로 법률조항만 안다고 해서 법을 올바르게 적용할 수 있는 것은 아니다. 법적 안정성의 기반 위에 법조문에 대한 ‘해석학적 판단’이 개입되어야 하고, 그렇게 할 수밖에 없다. 그런데 이런 해석이 개입될 때는 법전이 아니라 그 사람의 가치관과 인식관이 본디 개입될 수밖에 없는데, 올바른 가치관이 정초되어 있지 않은, 가치관 형성 과정을 제대로 거치지 않은 사람이 판사가 된다고 할 때 과연 바람직한 것으로 생각할 수 있을까? 비록 사법고시에 대해서만 말했지만(사람의 생사의 잣대를 판가름하는 중요한 역할을 하는 것이기 때문에 이것을 타깃삼아서 말했다), 거시적으로 보자면 우리 모두가 제대로 형성되지 않은 가치관을 갖고 과연 올바른 삶을 살아갈 수 있을까?

　뒤늦게 늦은 나이에 내가 원하는 삶을 살고 싶다며 회사를 나오려고 하지 말고 미리 얼마든지 실패를 맛 볼 수 있는 20대(30대도 늦지 않다)부터 부단히 다양한 활동을 하면서 '나' 자신에 대해 끊임없이 탐구를 해보며 궁극적으로 내가 원하는 삶을 살기 위한 탐구를 해 보는 것은 어떨까?

02

신뢰관계 형성의 조건

과연 신뢰관계는 언제 형성되는 것일까? 우선 신뢰관계는 '지속적으로, 예상 가능한 사람'임을 타인에게 보여줄 수 있을 때 형성된다. 물론 예상 가능한, 즉 '예측 가능한 인간'이란 말은 정형화된 인간처럼 부정적인 뉘앙스를 띤 말은 아니다. 여기서 말하는 '지속적으로 예상 가능한 사람'이란 시간약속을 잘 지키며, 항상 예의바르고, 성격이나 행동거지 면에서 일관성 있는 사람을 뜻한다.

본디 상대방은 나를 잘 모르기 때문에 정말 전문가가 아닌 이상은 나를 판단할 요소를 보유하고 있지 못하다. 따라서 상대방과 교루시 나를 판단할 수 있는 요건은 '기본에 충실하는 것'밖에는 없다. 그리고 상대방은 이 기본 요소를 기반으로 나를 판단하게 된다. 보통 사람이 타인을 인지하는 방식이 그렇듯이 그 사람의 성격을 가늠할 때는 주로 이런 기본 요소에 좌우되는 경향이 크다.

03

대학생은 학교 안이 아니라
밖에서 찾아야 한다

선생과 교수의 차이점은 무엇일까? 선생은 영어로 Teacher인 반면, 교수는 영어로 Professor이다. 이미 영어의 의미에서 그 둘의 차이는 명약관화하다. 선생이란 자신이 생각하고 있는 지식을 전달하는 것이 아니라, 국가로부터 검인정 받은 교과서에 기반을 두고 수업을 한다. 특히 '자신이 생각하고 있는 지식'을 학생들에게 전달할 수 없기에, 편향된 사고를 줄 수도 있는 정치적인 언급은 금하도록 되어 있다. 반면에 교수는 본인이 원하는 학문을 전공해서, 자기가 가장 잘 하는 것을 자기 생각대로 수업에서 강의한다. 결국 선생은 국가가 허가한, 남이 쓴 책을 연구해서 강의하는 것이라면, 교수는 자신의 연구가 담긴,

세상은 이렇게 넓은 데 말야. ... 말야.
가지 마! 내 강의에 다 있어!
상아탑

설령 자기가 쓴 책이 아니더라도 자신의 생각을 담고 있는 책을 연구해서 강의를 한다.

그런데 학생들은 '학생'과 '대학생'의 차이를 잘 인지하고 있지 못해서 안타깝다. 선생과 교수의 차이에서 보이듯 우리 또한 마땅히 고등학생을 벗어나 대학생이 되면 그 행동에 걸맞게 행동해야 하는데 그렇지 못하는 게 안타깝다. 필자 역시도 과거에는 여느 대학생과 다름없었지만 나이가 들고서 치열하게 삶에 대한 성찰을 한 결과, 그 전과는 다른 생활을 하게 되었다. 즉, 필자는 과거와 달리 그저 학교가 주는 먹이만 받아먹는 모르모트 쥐가 아님을 깨닫게 되었고, 대학교를 박차고 나가 스스로, 필자 스스로의 힘으로 치열하게 강구하며 원하고자 하는 것, 하고 싶은 것들을 찾아 나가는 자세가 대학생의 자세임을 깨닫게 되었고, 원하고자 하는 것, 하고 싶은 것들을 찾아나가는 학습이 곧 대학생으로서의 학습이라는 사실을 깨닫게 되었다.

필자가 원하는 철학을 공부하기 위해 대학교를 나간 것도, 필자가 원하는 봉사활동을 하기 위해 대학교를 나간 것도 다 그런 이유에서이다. 필자는 더 이상 고등학생이 아니라 대학생이기 때문이다. 그저 안락한 고등학교 내에서처럼, 대학이 주는 것을 그대로 받아들이지 않고, 때로는 아니라고 생각이 되면 아무리 편하고 좋은 것이라고 해도 받아들이지 말며, 스스로의 힘으로 가능하다면 외부세계로 나가 얻고자 노력하는 것이 대학생의 올바른 자세가 아닌가 생각된다. 고등학생은 대학교 가서 스스로 원하는 것을 찾아내는 것이 가능하다는 어느 정도의 보험이 있지만, 대학생은 대학교를 졸업하고 나면 이미 사회라는 낭떠러지와 마주해 대학교 이후에 스스로 찾아서 하면 가능하다는 '심리적 보험'이 전무하다는 것을 명심하자.

* 노파심에서 말하지만, 여기서 '대학을 나가다'라는 표현은 자퇴하라는 말이 아니라 스스로 원하는 것을 대학 밖에서 찾으라는 의미에서 쓴 것이다.

04

생각 1

필자는 개인적으로 좋은 교수님의 조건이란, 본디 교수의 본래적 의미에 비추어, 자기가 가진 전공에 대해 적확하게 말할 수 있고, 전달할 수 있는 교수라고 본다. 사실 우리 학생은 교수에 대해, 강의에 대해 이래라 저래라 할 형편이 못 된다.

흔히 대학생 사이에서는 교수에 대해 이렇게 말한다. 글씨는 괴발개발이고, 그저 PPT(Power Point) 단순하게 읽고 넘어가거나 자기 딴에 의욕이 넘쳐 자기가 쓴 논문을 PPT와 결부해서 논문자랑을 하는 교수처럼 강의력도 없고, 목소리는 또 왜 그렇게 작은지, 발음도 서툴고, 언번력도 딸리고 등등. 그런데 그간 우리들은 사교육을 체화하면서 스타 강사들의 놀라운 강의력, 화려한 언변력, 또렷한 글씨와 명쾌한 발음에 길들여져 강의에 대한 높은 기대 수준을 갖고 있다. 이런 것을 차치하더라도, 적어도 교수들의 입장에서는 그 같은 엔터테이너적인 요소들은 그들과 달리 필요충분조건은 아니다. 왜냐하면, 본디 교수의 본분은 학생을 가르치는 것보다는 자신의 전공에 대한 연구이기 때문이다.

그래서 우리가 만약 교수 수업을 듣는다면, 혹시 그 교수가 강의에서 자기가 잘 말할 수 있는 바로 '그것'에 대해서 잘 말을 하고 있는지 확인하고, 그것이 아니면 그것에 대해 지적할 수 있는 것이 바로 학생의 수업에 대한 태도가 아닐까 생각된다. 중고등학교 때는 선생에 대해 잘못된 것을 지적하는 것이 어느 정도 금기시되거나 예의에 어긋난다는 사회적 학습을 받았지만, 대학에 들어오면서부터는 그렇게 행동하지 않는 것이 오히려 바람직하지 못하다고 생각된다. 그리고 물론, 이처럼 교수의 강의에 대해 지적하기 위해서는 당연히 해당 과목의 내용을 공부해야 하는데, '공부' 또한 이러한 목적에서 진행되어야 한다고 본다.

　설령 우리가 그런 '공부'를 하면서 교수에 대해 아무런 지적을 못한다고 할지라도 적어도 그러한 지적을 하기 위한 과정에서 스스로 찾아서 공부했기 때문에 다른 학생들처럼 단순히 중간·기말 고사를 잘 치기 위해, 그래서 좋은 성적을 얻기 위해 공부하는 학생들과는 질적으로 다르다(필자는 이를 늦은 나이에 깨달았지만, 적어도 이 책을 읽는 다수의 대학생들은 앞으로라도 그런 노력을 기울이는 것이 중요하다고 본다). 그들은 좋은 점수를 받을 수 있었을지는 몰라도, 나중에 시간이 지나면 대부분 까먹게 된다. 하지만 이같이 '공부'한 사람은 나중에라도 잘 잊히지가 않는다. 그런 '공부'를 통해 장기 기억화되었다는 것은 차치하더라도, 스스로가 관심을 가지며 나름대로 탐구해서 좋은 '경험'으로 만들어 놓았기 때문에 쉽게 잊히지가 않는 것이다. 본디 어떤 강의를 듣더라도 항상 듣고 나면 뭔가 배웠다는 느낌이 들어야 하는데, 이처럼 '공부'를 한다면 당연히 그런 느낌이 들지 않을 수가 없다.

05

생각 2

사실 《아프니까 청춘이다》류의 서적의 경우 본디 실존주의를 전공한 교수 내지는 철학자들이 오늘날 젊은이들이 어떻게 살아갈 것인지에 대해서 써야 한다고 생각되는데, 대체 실존주의를 전공하신 전국의 교수들은 무엇을 하는지 모르겠다. 그들은 실존주의를 위한 실존주의를 공부하며 자신만을 위한, 자신의 학문적, 지적 성취감을 얻기 위한 공부만을 했다는 생각이 든다.

진리의 상아탑 속에서 자기가 갖고 있는 진리만을 같은 동류의 사람들과 소통하는 것, 그것이 과연 바람직한 것일까?

요즘의 10대, 20대들이 나약해 빠져 소위 '힐링류 서적'

들이 범람하는 이 시대에 어떻게 살 것인지, 그리고 나의 자아 정체성은 무엇인지, 그래서 앞으로 어떻게 행동해 나갈 것인지에 대해 탐구하는 실존주의자들은 세계와 소통을 아예 차단시키고 있는 듯하여 매우 안타깝다. 설령 그들이 그런 류의 책을 썼다고 할지라도, 그것이 베스트셀러가 못 되는 상황도 안타깝고 말이다.

인간의 존재에 대한 탐구를 형이상학적으로 탐구하더라도, 결국 그런 인간은 사회를 떠나서 살 수 없는 존재라면 - 마치 하이데거가 현존재는 본디 세계를 떠나 있을 수 없다고 말하듯이 - 마땅히 형이상학적으로 탐구한 후, 현실 세계로 내려와서 인간의 존재에 대해 자각하지 못하고 있고, 그래서 사회 속에서 도태되며 불안해하는 사람들을 올바르게 이끌어서 일깨워야 하지 않을까?

진솔하게 말하건대 필자는 철학이 재미있고, 설령 이해가 안 되더라도 읽으면서 흥분이 들기도 한다. 하지만 범인들은 철학 하면 고루한 학문으로 치부하기 쉽다. 이같이 철학이 한없이 고루한 이유는 세계와의 소통을 하지 않기 때문이라고 본다. 물론 세계와 소통하려는 노력도 있었겠지만, 그것은 어디까지나 책 같은 매체를 통한 소극적이고

도 일방향적인 방식이었지 - 단순히 소통한답시고 소통해
도, 화자 스스로 '이렇게 말하면 알아듣겠지' 하는 안일한
사고방식이었고 - 적극적인 방식은 아니었다.

필자 역시도 현상학과 실존주의에 관심을 가지며 탐구
하고 있는 까닭은 그것을 좋아하는 것을 차치하고서라도
무엇보다 바로 내가 어떻게 살 것인지에 대해 어느 정도 생
각하게 된 후, 그런 생각을 좀 더 공고히 하고 더 전투적
인 자세로 어떻게 살 것인지 치열하게 반성하고 성찰하고
자 위함이었다(후설에서 시작했지만, 하이데거에 더 관심
을 갖게 되었고, 그의 서적을 읽다 가다머를 알게 되었고,
다시 하이데거의 초기 저작의 이해를 위해서 가다머의 《진
리와 방법》을 이해하기 위해 고대 그리스로 회귀하는 과정
을 거치고 있다. 그런데 이런 사실을 책을 읽으며 스스로
의 필요성에 의해 깨닫게 되어 깨달았던 그 시점만큼은 흥
분의 도가니였다).

단순히 하이데거의 서적과 후설의 서적, 가다머의 서적을
읽었다는 데서 벗어나 항시 그런 책들을 읽으며 이것에 대
해 필자의 삶과 필자 자신에 대해 성찰하는 것, 그런 자세
로 이런 책을 읽어왔고, 무능한 나이이지만 좀 더 깊은 이

해를 위해 지속적으로 모르는 것이 있으면 묻고, 배우며 읽어나가고 있다.

사실 강단의 전문가(교수)들은 강단으로 내려오면 자신의 품위가 깎일 것이라고 대단히 착각하는 경향이 크다. 그렇지 않다면 안 내려올 이유가 없기 때문이다. 얼마든지 노력하면 전문적인 내용을 깊이 있지만 때로는 알기 쉽고 편안하게 전달할 수 있는데도 굳이 강단 아래로 내려와서 소통하려고 하지 않는다. 그렇기 때문에 대학생은 대학생대로 교수를 어려워하고, 자신만의 세계에 빠져 있는 고루한 존재로 인식하기 마련이고, 교수들은 요즘 대학생들이 너무 스펙에 치중하며 자기만 아는 이기적인 세대라고, 그리고 자기들은 예전에 안 그랬다고 힐난하기에 바쁘다.

그런데 교수들은 그런 것을 알까? 바로 대학생들이 그런 스펙에 치중하고 열중하고 있는 와중에 꼭 그런 것만이 인생의 성공은 아니고, 더 자신을 위해 할 일이 있을 것이라고 적어도 옆에서 유의미한 활동이라도 한 적이 있을까? 대학생들이 그런 일에 열중하고 있는 것에 대해 교수들의 책임도 있다고 본다.

단순히 자기 전공분야의 학회를 만들고 매년 한국이든

외국이든 학회에 갔다 오며 외국의 교수들과 교류하는 것도 분명 유의미하지만, 더 중요한 것은 그런 교수들이 적어도 대학에 몸담고, 대학의 녹을 먹고 있다면, 대학과 대학생 사이의 헤르메스(Hermes)적 매개자로서 같은 대학 아래 존재하고 있는 대학생들과도 온전히 교류를 해야 하는 것이 바람직한 일이라고 생각한다.

자족적인 동정도 분명 의미가 있지만, 더 중요한 것은 그들과 함께 연대하는 것인 것처럼 진리의 상아탑 속에서 저 혼자 위치하며 탑 밖에 위치하고 있는 대학생들에게 힐링이나 하라며 이것저것 던져주는 것보다는 직접 탑의 정문을 개방하고 소통하려는 자세가 중요하다고 본다. 본디 언론이 '왕따' 학생에 대해 보도하는 것을 넘어 그들과 연대해 왕따 근절을 모색해야 하는데도, 오히려 왕따 경험 학생이 직접 동영상을 찍어 왕따 근절에 나선 사례가 있는 것처럼, 나 아닌 다른 사람들 혹은 사회가 대신 다 해 줄 것이라는 생각은 바람직하지 않다고 본다.

06

사랑과 돈은 별개다
부제 : 더치페이의 필요성

사랑과 돈은 별개다. 사랑은 하되 비용지불에서는 남녀 사이에 거의 동일하게 내는 것이 진정한 사랑이다. 어느 누가 데이트할 때 데이트 비용은 남자가 지불해야 된다고 했는가?

보통 한국 남자들의 데이트 비용에 대한 심리는 이렇다. 만약 이성이 나 대신 비용을 내면,

- 뭔가 좀 찜찜하다.
- 얻어먹는 기분이 들어 마음이 편치 않다.
- 남자로서 '가오'가 안 산다.
- 괜히 '이성'이 삐지는 건 아닐까?

대체 남성들은 왜 이런 사고를 하는 것일까? 그런데 이

런 사고는 본질적으로 이성에 대한 남성의 우월감을 드러내는 지극히 가부장적인 사고가 내재해 있다.

놀랍게(별로 놀랍지는 않지만)도 여자들은 만약 남자들이 데이트 비용을 안 낸다면 이렇게 생각한다. '저 남자는 나를 별로 좋아하지 않을 거야. 안 그러면 자기가 낼 거 아냐?'

아니 데이트 비용을 남자가 지불하지 않으면 사랑이 식는다는 말인가? 이런 사고의 기저에는 '남자의 사랑은 돈의 지출 양에 비례한다'라는 지극히 물질만능주의적 사랑을 탐닉하는 한국 여성의 심리가 깔려 있다. 인터넷 상에서 혼인 시에 남성은 비용을 2~3억 원 지출하는데 반해, 여성은 고작 1,000만 원 지출하면서도 이것도 많이 낸 것 아니냐고 토로하는 여성들도 있다. 모름지기 남성우월적 문화였던 조선시대라면 부양해야 할 의무를 지닌 남성 쪽에서 더 지출하는 혼인이 존속했겠지만 지금이 조선시대인가?

여성들은 권리적인 측면에서는 남녀평등을 부르짖지만, 의무적인 측면에서는 남녀 차별의 존속을 옹호하고 현 상태를 고수하려고 한다. 어떤 이유로 이처럼 여성들이 시대

착오적이며 양가적인 사고를 지니게 된 것일까?

필자의 생각에는 근본적으로 현 여성들에게는 문제가 없다고 본다. 분명 여성들도 '인간이라면 모름지기' 비용 지불을 거의 전적으로 상대방이 낸다면 미안한 마음이 들 것이다. 단지 그런 미안한 마음이 동성 간일 경우에는 '언젠가 한 번 내가 지불해야겠네' 하는 마음이 오래 지속되지만, 이성간일 경우에는 그렇지 못하는 데 문제가 있다. 결국 사회 트렌드가 남성이 데이트 상에서 거의 전적으로 지불해야 된다는 것이 구습 아닌 악습으로 자리 잡혀 있기 때문에 이를 해결하지 않고서는 정상적인 사고를 지닌 여성들도 그렇지 않은 여성들이 행동하는 것에 이끌려 동조하게 될 수밖에 없다.

자기 집의 부모한테는 똑같이 모두 귀한 자식인데 유독 남녀 사이에서는, 남자는 남자라는 이유만으로 데이트 비용을 거의 지불해야 하고, 여자는 지불 안 해도 된다는 당연한 논리가 이 사회 저변에 깔려있는 것이 안타깝다.

남성들은 남성대로 가부장적 사고 속에서 사랑을 하고, 여성들은 여성대로 물질만능주의적 사고 속에서 사랑을 하는 이것이 한국의 비정상적인 현대적 사랑이라는 것이 안타깝다(물론 100% 그렇다는 것은 아님을 밝힌다).

만약 남녀평등을 주장하는 여성들이라면 더치페이를 적극적으로 추진해야 하고, 소위 말해 '남성들에게 매너'를 요구하는 여성들은 '퍼스트레이디적이고 비정상적인 사고'를 타개하는 데 노력을 해야 한다고 본다.

끝으로 모든 남성들에게 고한다.

사랑과 돈은 별개다. 돈을 적게 낸다고 사랑이 식지 않는다. 만약 상대방의 사랑이 식었다면 헤어져라. 적어도 바람직한 애인, 바람직한 배우자의 자격 요건에는 절대적으로 부합하지 않으니까.

사랑과 돈은 별개다…….

07

의미 있는 봉사활동하기에 대해서

사실 그동안 필자는 21세 때 장애인아동 봉사를 한 것 빼고는 딱히 봉사활동을 한 적이 없다.

혹자는 이런 필자를 두고 온전한 몸뚱이를 갖추고서 세상의 약자에 대한 최소한의 동정심도 없냐고 힐난할지도 모른다.

하지만 필자는 그런 생각이 들기 이전에 무엇보다 현재까지의 봉사활동 양태가 대단히 불만족스러웠기 때문에, 그에 대한 반감으로서 그동안 봉사활동을 하지 않았다. 즉, 돌아보면 고등학생들은 그저 대학에 가기 위한 목적에서, 대학생들은 좋은 직장에 취직하기 위한 일환으로 봉사활동을 그저 무의미하고 진정성 없이 임하고 있었기 때문에 필자 또한 그런 집단의 일원으로 치부될 것 같아서 하지 않았다(물론 선의의 의도에서 봉사활동을 하는 분들도 분명 있긴 하겠지만 말이다).

설령 필자가 올바른 마음에서 스스로 부끄럽지 않게 봉사활동을 했다고 생각할지라도 남들 눈에는 그런 식으로 비춰질까봐서였다.

하지만 나이를 먹고 난 후 지금, 그래도 필자 스스로를 위한 부끄럽지 않은 봉사활동을 해야겠다고 마음을 먹게 되었고, 몇 가지 조건을 걸고 봉사활동에 임하기로 했다. 첫째, 대학 봉사 동아리 등 모임을 통한 봉사활동은 하지 말 것, 둘째, 마음 맞는 사람들끼리 우르르 몰려가서 단체로 봉사활동은 하지 말 것, 셋째, 되도록 힘들면서 하는 유의미한 봉사활동일 것.

맨 먼저 필자는 노숙자 쉼터에서 일하려고 모 노숙자 쉼터에 용기를 내어 전화를 걸었다. 하지만 그쪽 관계자분이 말하시길, 딱히 여기에 어려운 일은 없고, 쉼터 청소가 거의 전부라고 말했다. 대신 그분은 인근 복지관을 소개해주었다. 그래서 필자는 그 복지관을 찾아가게 되었고, 현재까지 봉사활동을 하고 있다.

필자가 봉사활동을 하고 있는 분은 전립선암 4기 환자분이셨는데, 그분과의 만남스토리도 인상 깊었다. 처음으로 사회복지사분과 연락이 닿고 나서, 그 다음 주에 사정이 있어서 2주 뒤에 간다고 했지만 2주 뒤에 집에 일이 있어 내려가야 하는 바람에 결국 3주 뒤로 미뤄지게 되었다. 하지만 3주 뒤에 그 어르신을 찾아뵈러 가보니 집에 계시지 않았고 문득 쓰러지신 것은 아닐까 걱정이 돼 복지관에 서둘러 전화를 걸었다. 나중에 알고 보니 그날 때마침 병원에 가는 날이라서 그 시간에 집에 안 계신다는 답변이 왔다. 어쩔 수 없이 최초 복지사와 전화를 한지 4주째 되는 날 가려고 했는데 더는 늦으면 안 될 것 같고 그 어르신께 죄송스러워서 그냥 복지사분에게 휴일에 가겠다고 말했다. 그렇게 해서 어르신과 첫 만남이 성사되었다. 그런데 복지사분에게서 "되도록 어르신에게 제가 알려준 개인정보를 알고 있다고 말씀하시지 마시고, 조심하게 행동해 주세요"라는 신신당부하는 말이 생각나서 첫 만남에서 초인종을 누르기가 조심스럽고 약간 두려웠다. 4기 환자여서 대단히 침울한 상태이고 무기력한 분을 필자가 잘 모실 수 있을까 하는 두려움도 엄습했다. 그런데 막상 만나고 보니 그런 걱정은 헛된 기우였다. 예상했던 것과는 달리 어르신은 상당히 쾌활하고 밝으셨다. 정말 이 분이 4기 암환자인가 싶을 정도였다.

나중에 어르신에게서 들은 사실이었지만 처음 1년은 되게 침울하고 살날이 얼마 안 남았다는 생각에 무기력한 상황에 빠져있었다고 한다. 하지만 의사 선생에게서 들은 암을 편안하게 받아들이라는 말에서 '영감을 받아' 그때부터는 암을 친구로 생각하고 있다고 말씀하셨다. 즉, 일명 '인식의 전환'을 하신 셈인데 어르신께서는 "이 암은 내가 죽으면 자기도 죽기 때문에 나하고는 뗄 수 없는 관계이고 죽을 때까지 같이 지낼 수밖에 없는 존재"라고 말씀하셨다. 이처럼 긍정적인 인식의 전환이 있었던 터라 처음에는 전립선 암 수치인 PSA 수치가 근 15 정도나 되어 상당히 높은 수치였으나, 시간이 지남에 따라 점차적으로 그 수치가 놀랍도록 줄어들었다.

그런 어르신을 옆에서 매주 볼 때마다 필자는 단순히 봉사활동을 하는 것을 넘어 필자까지도 인생을 긍정적으로 살아야 한다는, 깊고도 진한 메시지를 받았다. 그러면서 '진정한 삶'에 대해서도 성찰해 보는 계기를 갖는 등 많은 감화를 받고 있다.

이 봉사활동과 관련해서 처음에 사회복지사분께서 놀랐던 스토리가 하나 있다. 첫 봉사활동을 하러가기 전 필자는 어느 정도 집에 있다가 나와야 되는지 시간을 몰라 사회복지사께 물어보았는데, 대충 30분 정도 있다가 나와서 또 다른 집으로 가면 된다고 말하셨다.

그런데 첫날 그 어르신과 이런저런 이야기를 나누다 보니 어느덧 3시간이 훌쩍 지났고 복지관에서 어르신 집으로 전화가 걸려왔다. 아직 학생이 거기 있느냐고 말이다. 필자 개인적으로 여러 군데 성의 없게(물론 그렇게 봉사활동을 하는 것 자체가 성의 있는 것이지만 상대적으로) 돌아다니는 것보다는 한 분이라도 제대로 봉사활동을 하는 게 더 중요하다고 생각하고 있었고, 게다가 어르신과 대화를 나누는 게 재미있었기에 시간이 그렇게 지나가도 몰랐던 것이었다.

이후에도 근 한 달가량은 어르신 집에 갈 때마다 전화가 걸려왔다. 아직 학생 있냐고 말이다. 스스로 돌이켜 보면, 사실 어르신 집에 20분, 30분 앉아서 대화하는 것도 힘든데 2시간, 3시간씩이나 그렇게 할 수 있었던 까닭은

아니...
무슨 일이야!
세 시간씩이나...

허허허...
내, 근래

이렇게
재밌고 유쾌한
대화는
참일세!

하하하...
어르신도...
역시 인생의
연륜이란
대단한
것이군요!

진심 있는 봉사활동을 한다는 생각이 명확했기 때문은
아닐까 생각된다.

실제로 첫 만남에서 어르신이 "학생은 왜 봉사활동을
하느냐?"고 물었을 때 필자는 진솔하게 앞에서 말한 것
처럼 "고등학생은 대학 가기 위해서, 대학생은 취직하기
위해서 봉사활동을 하는, 이런 봉사활동은 무의미한 것
이라 생각되어 그동안 하지 않았는데 나이가 들고 나서
보니 저 스스로 그런 사람과는 다르다는 것을 저 자신에
게 보여주기 위해서 혼자 봉사활동을 하게 되었다"고 말
했다.

어르신은 필자의 말을 듣고 적잖게 감명을 받으셨고, 필
자 같은 젊은이가 많다면 얼마나 좋을까 하며 칭찬도 하
셨다.

단순히 봉사활동해서 기계적으로 시간을 채워 봉사활
동 기록만 남기는 것보다 이처럼 스스로 마음에서 우러나
는 진심어린 봉사활동을 하며, 그 가운데 본인이 봉사하
는 분에게서 많은 깨달음과 감화를 얻을 수 있는 봉사활
동을 하는 것이 더 참된 봉사활동이 아닐까?

이 글을 보는 독자라면 간곡히 그 봉사활동의 참의미를

스스로 생각해보고 많은 시간을 투자하지 않더라도 의미

있는 봉사활동을 본인 스스로 찾아서 꼭 해 보기를 부탁

드린다.